**독해력, 문해력, 교과 상식을 키우는
일거다독 똑똑한 읽기 루틴**

하루 3분 초등
읽기머리
퀴즈
365

오현선 지음

위즈덤하우스

하루 3분 초등 읽기머리 퀴즈 365

초판 1쇄 인쇄 2025년 10월 27일
초판 1쇄 발행 2025년 11월 19일

지은이 오현선
펴낸이 최순영

출판1 본부장 한수미
라이프 팀장 곽지희
편집 김소현
디자인 STUDIO BEAR

펴낸곳 ㈜위즈덤하우스   **출판등록** 2000년 5월 23일 제13-1071호
주소 서울특별시 마포구 양화로 19 합정오피스빌딩 17층
전화 02) 2179-5600   **홈페이지** www.wisdomhouse.co.kr

ⓒ 오현선, 2025

ISBN 979-11-6344-167-0 12590

- 이 책의 전부 또는 일부 내용을 재사용하려면 반드시 사전에 저작권자와 ㈜위즈덤하우스의 동의를 받아야 합니다.
- 인쇄·제작 및 유통상의 파본 도서는 구입하신 서점에서 바꿔드립니다.
- 책값은 뒤표지에 있습니다.

저자 소개

오현선

어린이와 매일 글을 읽고 쓰는 25년 차 독서교육 전문가입니다. 대학원에서 독서 논술을 전공하고 전국 도서관과 학교에서 학부모 강연을 하며 독서 교육에 대해 알리고 있습니다. 독서 교사 세미나를 통해 어린이 독서 교육의 올바른 길을 찾아가고자 애쓰고 있습니다.

지은 책으로는 『공부 잘하는 아이는 읽기 머리가 다릅니다』, 『하루 10분 한국사 신문』, 『초등 탄탄 논술』, 『한번 보면 입에 착 붙는 사자성어』, 『초등 미니 논술 일력 365』, 『'왜'라고 묻는 아이들』 등 다수가 있습니다.

블로그 오쌤의 독서교육 이야기 blog.naver.com/few24
인스타그램 raon_book_teacher
유튜브 라온쌤의 독서교육 tv
네이버카페 라온북다움 cafe.naver.com/laonbookdaoom

체험학습 일정

시간	일정
오전 9시	학교 집결 및 출발
오전 10시	과학관 도착 및 견학
오전 11시	과학 실험
점심 12시~13시	점심 식사
13시	역사박물관 관람
14시	VR 체험실 방문
15시	학교로 출발, 도착 후 해산

1. 이 일정표에서 알 수 없는 내용을 찾아 보세요.

① 점심은 각자 도시락을 먹는다.

② 오후에는 역사박물관으로 이동한다.

③ 오후 2시에는 VR 체험실을 방문한다.

머리글

안녕하세요? 어린이 여러분.

선생님은 어린이들과 매일 읽고 쓰며 생각하는 일을 하는 독서 선생님이에요. 어린이들과 무언가를 읽다 보면 내용을 이해하기 힘들어해서 토론과 글쓰기가 잘되지 않는 경우가 있어요.

그런 상황을 자주 마주하며 고민하다가 이 책을 쓰게 되었는데요. 이 책은 매일 한 장씩 퀴즈처럼 재밌게 보며 독해력을 키우도록 구성이 되어 있어요. 매일 한 장씩 즐겁게 풀다 보면 글 읽기가 한결 쉬워지고 재밌어질 거예요.

오현선 선생님이

 Week 52 일상생활

비상구 표지판

---

1. 위 표지판에서 '비상'은 어떤 뜻인가요?

① 하늘을 날다.

② 갑작스럽고 긴급한 상황

③ 아무도 모르는 공간

이 일력은 하루에 한 장씩, 365일 동안 볼 수 있도록 구성되어 있습니다. 월요일부터 금요일까지는 국어, 사회, 역사, 과학, 시사 등의 교과 상식을 익혀 보고, 토요일, 일요일에는 일상 속 다양한 주제를 접해 봅시다. 매일매일 풀다 보면 읽는 즐거움은 물론 독해 실력 또한 쑥쑥 자라날 거예요.

Week 52 일상생활

절약 실천 캠페인 안내문

꺼진 불 하나가 지구를 밝힙니다.

불을 끌 때마다 우리 집 전기 요금도 줄어요.

방을 나갈 때는 반드시 스위치를 눌러 어둡게 하는 습관을 만들어요.

작은 실천이 모여 더 푸른 지구를 만듭니다.

공익광고 협의회

---

1. 이 글의 내용과 가장 잘 맞는 것은 무엇인가요?

① 방을 나갈 때 불을 끄면 전기를 절약할 수 있다.

② 전기를 많이 쓸수록 전기 요금이 줄어든다.

③ 푸른 지구를 위해 불을 항상 켜 두어야 한다.

나는 누구일까요?

지훈이가 뛸 때마다 쿵쿵 쑤시는 내 머리

축구공을 뻥 차면 머리가 얼얼

발 안 씻고 신을 때마다 어질어질

비 오는 날 물에 빠질 때면 무거워지는 내 몸

하지만 홀로 있을 땐 외로워 지훈이를 기다린다.

1. 시 속에서 말하는 이는 누구일까요?
2. 시에 어울리는 제목을 지어 보세요.

국민연금을 더 좋게 바꿀 수 있는 방법이 있을까요?

국민연금은 월급을 받을 때 조금씩 돈을 모아두었다가 나이가 들어 일을 못 하게 되었을 때 매달 돈을 받게 해 주는 제도이다. 최근 국민연금을 어떻게 바꿔야 할지에 대한 이야기가 본격적으로 시작되고 있다. 정부는 앞으로 할아버지, 할머니가 늘고 아기들은 점점 줄어들면서 나라의 돈이 부족할지도 모른다는 걱정이 커지고 있다. 그래서 국민연금을 오래 유지하기 위한 여러 가지 방법을 생각하고 있다. 돈을 내는 비율을 지금보다 조금씩 올리는 방법, 연금을 받기 시작하는 나이를 더 늦추는 방법 등이 이야기되고 있다. 하지만 국민들은 불만이 많다. 더 많이 내고 더 늦게 받는 건 불공평하다고 느끼는 것이다.

1. 이 글의 요약문을 보고 빈 곳을 채워 보세요.

국민연금은 일하면서 조금씩 돈을 모아 두었다가 (　　　　) 매달 돈을 받게 해 주는 제도이다. 하지만 할아버지, 할머니가 늘고 아기들은 점점 줄어들면서 (　　　　) 걱정이 커지고 있다. 그래서 정부는 보험료를 올리거나 연금을 받기 시작하는 나이를 (　　　　)을 고민하고 있지만, 이에 대해 국민들의 반발도 이어지고 있다.

Week 1 사회 (지리)

지도는 무엇이고 어떤 역할을 할까요?

지도는 우리가 세상을 이해하고 길을 찾는 데 중요한 도구이다. 지도는 단순히 땅의 모양을 그려 놓은 그림처럼 보일 수 있지만, 그 속에는 우리가 어디에 있고 어디로 가야 하는지에 대한 중요한 정보가 담겨 있다. 예를 들어 세계지도는 지구의 전체적인 모습을 보여 주고, 도시 지도는 그곳의 거리나 건물까지 자세하게 나타낸다. 교통 지도나 등산 지도처럼 특별한 목적이 있는 지도도 있다. 이렇게 다양한 지도들은 우리가 여행할 때 필요한 정보를 쉽게 얻을 수 있게 도와준다. 지도는 단순히 길을 알려주는 것 이상으로 우리가 세상과 소통하는 중요한 도구이다.

---

1. 이 글에 나타나지 않은 내용은?
   ① 지도의 뜻
   ② 지도의 종류
   ③ 지도의 역할
   ④ 지도를 구입하는 곳

Week 52 과학 (미래과학)

인공지능은 어떻게 발전하고 있을까요?

인공지능(AI)은 컴퓨터나 기계가 사람처럼 생각하고 학습하는 기술이다. 요즘은 AI가 우리 생활의 여러 곳에서 큰 역할을 하고 있다. 우리가 스마트폰에서 자주 쓰는 음성 인식 기능인 시리(Siri)나 구글 어시스턴트(Google Assistant)도 AI를 사용한다. 또한 자율 주행 자동차나 로봇, 심지어는 병원에서 질병을 진단하는 데까지 활용되고 있다. AI는 데이터를 학습해 문제를 해결하고 점점 더 똑똑해지기 때문에 앞으로 더 많은 분야에서 사용될 것이다. 이처럼 AI는 우리의 일상생활을 편리하게 만들고 새로운 기술을 발전시키는 데 큰 도움이 된다.

1. AI에 대한 설명으로 알맞은 것은 무엇인가요?

① 사람이 기계를 고치는 기술이다.

② 컴퓨터나 기계가 사람처럼 생각하고 학습하는 기술이다.

③ 사람의 음성을 크게 들리게 해 주는 기계이다.

 **역사 (한국인물)**

단군왕검은 누구인가요?

단군왕검은 고조선을 세운 시조로, 우리나라의 첫 번째 시작을 알려주는 중요한 인물이다. 단군왕검 이야기는 옛날 책인 『삼국유사』와 『제왕운기』에 적혀 있다. 그는 하늘에 사는 환웅과 웅녀 사이에서 태어났다. 아주 먼 옛날, 기원전 2333년에 단군왕검은 아사달이라는 곳에 고조선을 세우고 사람들을 다스렸다. 오랜 시간이 지나면서 사람들은 단군왕검을 신처럼 숭배하고 있다.

1. 다음과 같은 뜻을 가진 단어를 찾아 보세요.
   한 국가를 처음 세운 사람
2. 글의 내용으로 보아 고조선의 도읍(수도)은 어디인가요?

Week 52 — 역사 (세계인물)

제인 구달은 누구인가요?

제인 구달은 영국에서 태어난 동물학자로, 어릴 때부터 동물을 무척 좋아해 침팬지를 직접 만나 보고 싶다는 꿈을 가졌다. 그녀는 책을 읽으며 혼자 공부하고, 닭이 알을 낳는 모습을 보기 위해 닭장 안에서 몇 시간을 기다릴 정도로 관찰을 좋아하는 아이였다. 어른이 된 제인 구달은 과학자가 되어 아프리카의 숲으로 갔다. 다른 과학자들이 실험실 안에서만 연구할 때, 제인 구달은 침팬지를 가까이서 오래 관찰하며 그들의 행동을 자세히 기록했다. 그 덕분에 사람들은 침팬지도 도구를 사용하고 기뻐하거나 속상해하는 감정이 있으며, 서로 친구를 맺고 함께 살아간다는 사실을 알게 되었다. 제인 구달은 동물도 인간처럼 소중한 생명이며 마음이 있다는 것을 세상에 알린 과학자 중 한 명이다.

---

1. 제인 구달이 관찰을 좋아했다는 것을 알 수 있는 일화는 무엇인지 글에서 찾아 밑줄을 그으세요.

 Week 1 과학 (물리)

우리 주변의 다양한 물질은 무엇이 있나요?

우리 주변에는 다양한 물질이 있으며 성질도 각각 다르다. 책상, 종이, 나무, 돌, 금속 등 모두 다른 모양과 성질을 가지고 있다. 이러한 물질은 모양, 색깔, 무게, 단단함과 같은 특징이 달라서 서로 구별할 수 있다. 예를 들어, 나무는 갈색이나 황갈색을 띠며 단단하지만 무겁지 않다. 반면에 쇠는 회색빛을 띠며 나무보다 훨씬 더 무겁고 단단하다. 종이는 가볍고 얇아서 잘 구겨지고, 나무나 쇠처럼 단단하지 않다. 돌은 모양이 다양하고 단단해서 잘 부서지지 않는다. 어떤 돌은 색이 검고, 어떤 돌은 회색이나 흰색을 띠기도 한다.

---

1. 우리가 물질을 구별할 수 있는 것은 어떤 점들이 다르기 때문인가요?

2. 이 글의 제목으로 어울리는 것은?
   ① 물질과 물체 ② 물질의 성질
   ③ 물질의 차이 ④ 나무와 쇠

Week 52 · 사회 (문화) · 화

씨름은 어떻게 하는 건가요?

씨름은 한국의 전통적인 민속 스포츠로, 두 사람이 서로 맞대어 힘을 겨루는 경기이다. 씨름은 주로 흙판 위에서 진행되며, 상대방을 넘어뜨리거나 허리를 땅에 닿게 만들면 승리한다. 씨름에는 힘뿐만 아니라 영리한 기술과 전략도 중요하다. 선수들은 각자 띠를 허리에 두르고 상대방의 몸을 잡고 밀거나 당기면서 균형을 맞춘다. 예전에는 명절이나 특별한 행사 때 많은 사람이 모여 씨름을 즐겼으며, 오늘날에도 전통적인 축제나 대회에서 자주 볼 수 있다.

1. 다음 중 이 글의 내용을 바르게 이해한 친구는?

민수 : 씨름할 때는 가장 힘이 세야 하는 거구나. 나도 힘을 길러야지!

지영 : 씨름은 명절이나 특별한 행사 때 했던 전통 놀이구나!

출생률이 떨어지면 어떤 일이 일어날까요?

대한민국 출생률이 지속적으로 감소하면서 문을 닫는 초등학교가 늘고 있다. 농촌과 어촌, 즉 농어촌 지역뿐만 아니라 최근에는 도시 주변 지역에서도 학생 수 부족으로 문을 닫는 학교가 생기고 있다. 학교가 사라지면 해당 지역의 활기가 떨어진다. 또 남은 학생들이 먼 거리에 있는 학교에 다녀야 하는 불편함이 생기기도 한다. 더 이상 학생들이 오지 않는 학교 건물을 어떻게 해야 할지 문제가 되기도 한다.

1. 이 글의 종류는 무엇에 가장 가깝나요?

① 일기 ② 설명문 ③ 기사문 ④ 논설문

2. 초등학교 폐교의 <u>근본적인</u> 이유를 말해요.

점심시간을 더 길게 해야 할까요?

나는 점심시간을 지금보다 더 길게 해야 한다고 생각한다. 첫째, 밥은 천천히 먹어야 소화가 잘되고 건강에 좋다. 둘째, 점심시간이 길면 친구들과 이야기하며 스트레스를 풀 수 있다. 셋째, 점심시간이 길면 운동장을 더 깨끗하게 청소할 수 있다. 넷째, 밥을 빨리 먹지 않아도 되니 급하게 먹는 습관도 고칠 수 있다.

1. 이 글의 주장과 관련하여 타당하지 않은 근거는 무엇인가요?

① 밥은 천천히 먹어야 소화가 잘된다.

② 친구들과 이야기하며 스트레스를 풀 수 있다.

③ 운동장을 더 깨끗하게 청소할 수 있다.

④ 급하게 먹는 습관을 고칠 수 있다.

 **Week 1** 일상생활

체험학습 안내문

안녕하세요, 학부모님들께 안내 말씀드립니다.
이번 체험학습에서는 국립중앙박물관에서 다양한 유물과 전시를 관람하며 우리나라의 역사와 문화를 배우려고 합니다. 또한 우천 시에도 변동 없이 진행됩니다.

일시: 2025년 5월 14일(수) 오전 10시~오후 3시
장소: 국립중앙박물관
대상: 3학년 2반
준비물: 물, 간단한 필기구

2025년 5월 2일
라온초등학교

---

1. 이 안내문을 읽고 적절한 반응을 한 사람은 누구인가요?

　① 민서: 비가 오면 좋겠다. 안 가고 싶어.
　② 태환: 나는 과학이 좋아서 이번 체험학습이 기대돼.
　③ 수민: 역사책을 미리 읽고 가야지.

 **Week 51 일상생활**

안전 안내 문자

오늘 낮, 지성 초등학교 옆 갈마로에서 14시부터 17시까지 공사 차량이 통행합니다. 해당 시간에는 이 길을 이용할 수 없으니 뒷길로 돌아가세요.

---

1. 다음 중 안내 문자 내용을 잘못 이해한 사람은 누구인가요?

민후: 수아야, 내일 갈마로에 공사 차량이 다닌대.

수아: 아, 맞아! 나도 안전 문자 봤어. 그래서 내일 아침 학교 갈 때는 돌아서 가려고.

민후: 나는 2시 20분에 5교시 마치고 다른 길로 가려고.

수아: 그래, 내일 보자.

약 처방전

[내복약]

환자 이름: 김라온

처방 일자: 2025년 11월 12일

병원/의원: 만세병원

약 복용 방법: 아침 식사 후 1알, 점심 식사 후 1알, 저녁 식사 후 1알

주의 사항: 항상 정해진 시간에 복용하세요.

　　　　　물과 함께 복용하세요.

　　　　　약 복용 후 졸음이 올 수 있으니 주의하세요.

---

1. 이 글에서 '바르거나 주사하는 것이 아니라 먹어서 병을 치료하는 약. 알약, 물약, 가루약 따위'를 가리키는 단어는 무엇인가요?

2. '복용'의 뜻을 짐작해서 설명해 보세요.

 **Week 51 일상생활**

놀이공원 입장료 안내문

[놀이공원 입장료]

소인(초등학생 이하)······2,000원

대인(중학생~64세)······5,000원

노인(65세 이상)······3,000원

---

1. 40세 아빠와 70세 할머니, 그리고 초등학생인 내가 함께 놀이공원에 가려고 합니다. 입장료는 총 얼마일까요?

 **Week 2** 국어 (시)

비가 내리면

비가 내린다.

하늘은 점점 어두워지고

구름이 춤을 춘다.

조용히 토도도독

갑자기 투다다닥

흙은 손을 내밀고

빗방울 하나, 둘, 셋,

모여서 땅에 스며든다.

자연은

서로를 기다리며

소리 없이 노래를 부른다.

---

1. 이 장면을 바라보는 화자(시 속에서 말하는 이)의 마음은 어떨까요?
2. '구름이 춤을 춘다'는 것은 어떤 뜻인가요?
   ① 구름이 바람 때문에 변화한다.
   ② 구름이 땅으로 내려온다.

전국민에게 민생지원금이 지급돼요.

최근 나라에서 모든 국민에게 민생지원금을 지급하고 있다. 오르는 물가에 생활비 부담을 덜어 주기 위해 마련된 것이다. 전 국민이 받을 수 있고 받은 가정에서는 필요한 물건을 사거나 생활비에 사용할 수 있다. 많은 가정이 지원금을 통해 생활에 작은 도움을 받고 있다.

어떤 시민들은 생활비 부담이 줄어서 좋다고 한다. 하지만 또 다른 시민들은 나중에 다시 내야 하는 세금이 아니냐며 크게 반가워하지 않는다. 전문가들은 찬반 의견을 모두 고려하며, 지원금이 경제 회복과 국민 생활에 도움이 될 수 있도록 신중히 사용해야 한다고 말한다.

---

1. 이 글에서 아래 뜻에 해당하는 단어는 무엇인가요?

생활비 부담을 덜어주기 위해 전 국민에게 지급되는 돈

2. 민생지원금에 대한 전문가 의견에 밑줄을 치세요.

 **Week 2** 사회 (지리)

다양한 지도를 알아 보아요.

지도는 여러 가지 종류가 있다. 일반 지도는 길, 도로, 하천, 산, 도시 등 다양한 지리적 정보를 포함하고 있어 그 지역을 전체적으로 보여 준다. 교통 지도는 도로, 기차 노선, 버스 노선 등 교통수단의 경로와 위치를 나타내 길 찾기나 대중교통 이용에 <u>유용하다</u>. 지형도는 산, 계곡, 평지 등 땅의 모습을 중심으로 나타낸다. 행정 지도는 국가나 지역의 행정 구역을 나타낸다. 기후 지도는 지역별 기후를 나타내며 온도, 강수량, 바람의 세기 등을 보여 준다.

1. 이 글에 나타나는 지도의 종류 5가지에 동그라미 치세요.

2. 다음 중 밑줄 친 단어와 바꾸어 쓸 수 있는 단어를 찾으세요.
   ① 편리하다.   ② 지혜롭다.   ③ 유명하다.

Week 51 과학 (환경)

물은 어떻게 이동할까요?

물은 지구를 계속 돈다. 바다나 강에서 물이 증발하면 하늘로 올라가 구름을 이룬다. 구름이 차가운 공기를 만나면 물방울로 변하고, 이 물방울이 모여 비가 내린다. 비가 되어 내린 물은 다시 강이나 바다로 흘러 들어간다. 물은 이러한 순환을 계속 반복한다. 물은 지구상에서 아주 중요한 자원으로 인간과 동물, 식물 모두 물 없이는 살아갈 수 없다. 물의 순환이 원활하게 이루어지면 자연의 균형도 잘 유지된다.

1. 이 글의 제목으로 어울리는 것을 찾으세요.

① 물의 소중함　　② 물의 순환　　③ 물과 지구

Week 2 역사 (한국인물)

주몽은 누구인가요?

하백의 딸 유화가 해모수와 혼인하여 주몽을 낳았다. 주몽은 금와왕의 아들들에게 시기를 받아 목숨의 위협을 느끼고 북부여에서 탈출한다. 탈출 과정에서 주몽은 수많은 어려움을 겪었지만, 뛰어난 리더십과 용기로 위기를 극복해 나간다. <u>압록강에 이르러서는 물고기와 자라의 도움으로 강을 건너고</u>, 졸본 지역에서는 소서노의 도움을 받아 힘을 키웠다. 기원전 37년, 주몽은 졸본에 고구려를 건국하고 첫 왕이 되었다. 그는 고구려 건국 이후 주변 국가들과의 전쟁을 통해 고구려의 영토를 확장하여 강력한 국가로 성장시키는 데 큰 역할을 했다.

---

1. 주몽의 아버지와 어머니는 누구인가요?
2. 밑줄 친 내용을 통해 알 수 있는 사실은?
    ① 말이 되지 않으니 주몽은 실제 인물이 아니다.
    ② 역사 이야기에는 신화적 요소도 있다.
    ③ 주몽은 이때 목숨을 잃었다.

Week 51 역사 (세계인물)

안네 프랑크는 누구인가요?

안네 프랑크는 독일에서 태어난 유대인 소녀이다. 그녀는 가족과 함께 평범하고 즐거운 어린 시절을 보냈지만, 나치라는 무서운 정권이 생기면서 유대인이라는 이유로 학교에 가지 못하고 차별을 받았다. 안네의 가족은 안전한 곳을 찾아 네덜란드로 이사했지만, 결국 그곳에서도 위험해져서 오래도록 숨어 지내야 했다. 전쟁 중에 안네의 가족은 몇몇 사람들과 함께 작은 다락방에 숨어 살았다. 밖으로 나가지도 못하고, 발소리도 조심해야 하는 불안한 생활이었지만 안네는 희망을 잃지 않으려 했다. 그러나 안타깝게도 결국 숨은 곳이 들켜 잡혀갔고, 안네는 전쟁이 끝나기 얼마 전 세상을 떠났다. 안네가 숨어 살며 쓴 일기인 『안네의 일기』는 안네의 아버지를 통해 세상에 알려졌으며 지금도 많은 이들이 전쟁과 평화에 대해 생각하며 읽는 책이다.

---

1. 글의 내용으로 보아 유대인은 어떤 삶을 살았을까요?

① 낯선 나라로 이사하며 조용히 살아야 했다.

② 특별한 교육을 받으며 더 나은 대우를 받았다.

③ 위험을 피해 숨어 지내고, 자유롭게 살지 못했다.

 **Week 2** 과학 (물리)

물질의 세 가지 상태를 알아 보아요.

고체, 액체, 기체는 물질의 세 가지 상태이다. 고체는 딱딱하고 형태가 변하지 않는다. 얼음은 고체로, 만지면 딱딱하다. 액체는 흐를 수 있어 형태가 변한다. 물이 좋은 예시인데, 컵에 담으면 컵 모양대로 변한다. 마지막으로 기체는 눈에 보이지 않고 형태가 없지만 공기처럼 자유롭게 퍼져 나간다. 우리가 숨 쉬는 공기나 풍선 속의 공기가 기체다. 이처럼 고체, 액체, 기체는 각기 다른 특성이 있다.

---

1. 이 글의 핵심어 3개에 동그라미 치세요.

2. 우리 주변의 고체, 기체, 액체를 한 가지씩 떠올려 보세요.

Week 51 사회 (문화)

우리나라 전통놀이에는 무엇이 있을까요?

한국에는 오랜 문화와 역사가 담긴 전통놀이가 있다. 옛날 사람들은 자연과 사회 속에서 전통놀이를 즐기며 서로 마음을 나누었다. 대표적인 전통놀이에는 윷놀이, 투호, 제기차기, 줄다리기 등이 있다. 윷놀이는 네 개의 윷을 던져서 나온 결과로 점수를 얻는 놀이로, 명절이나 가족들이 모인 자리에서 즐겨 한다. 투호는 화살처럼 생긴 막대기를 항아리에 던져 넣는 게임이고, 제기차기는 발로 제기를 높이 차며 즐기는 놀이이다. 이 놀이들은 단순한 재미를 넘어서 사람들 간의 소통과 협동을 배우는 데도 중요한 역할을 한다.

1. 글의 내용 중 내가 해 본 놀이가 있다면 밑줄을 그어 보세요.
2. 다음은 이 글을 요약한 내용입니다. 빈칸을 채우세요.

    전통놀이는 한국의 (　　　　)가 담긴 놀이로, 사람들 간의 소통과 협동을 배우는 중요한 역할을 한다.

 **Week 2** 시사

키오스크는 왜 논란이 되고 있나요?

키오스크가 점점 많아지면서 노인들의 불편이 커지고 있다. 많은 식당과 카페, 공공시설에서 키오스크를 도입하고 있지만 사용법이 복잡해 노인들은 어려워한다. 작은 글씨와 복잡한 화면 구성 때문이다. 이에 따라 일부 지역에서는 노인들을 위한 키오스크 교육 프로그램이 진행되고 있다. 그러나 이 문제를 실질적으로 나아지게 하려면 노인도 사용하기 편한 방식을 개발하고 옆에서 도움을 줄 직원도 필요하다는 의견이 많다.

---

1. 이 기사의 제목을 다음과 같이 정할 때, 괄호 안에 알맞은 단어는 무엇인가요?

키오스크 확산과 노인들의 (　　　　), 해결책은?

2. 이 글에서 '끌어들이다'와 가장 비슷한 단어를 찾아 보세요.

학교에 자판기를 두어야 할까요?

나는 학교에 자판기를 두는 것이 필요하다고 생각한다. 첫째, 쉬는 시간에 자판기를 이용하면 간단하게 배를 채울 수 있다. 둘째, 자판기에서 음료수를 사 마시면 공부에 집중이 잘된다. 셋째, 자판기가 있으면 학교에 있는 시간이 덜 지루하다. 넷째, 자판기를 사용하면 스스로 돈 쓰는 연습이 되기 때문에 좋은 소비 습관도 기를 수 있다.

1. 다음 중 글쓴이의 주장과 가장 맞지 않은 근거는 무엇인가요?

① 자판기를 이용하면 간단하게 배를 채울 수 있다.

② 자판기 사용은 돈 쓰는 습관을 기르는 데 도움이 된다.

③ 자판기에서 음료수를 사 마시면 집중이 잘된다.

④ 자판기가 있으면 학교에 있는 시간이 지루하다.

 Week 2 일상생활

과자 제품 설명서

제품명: 바삭바삭 초코칩 쿠키

원재료명: 밀가루(50%), 설탕(20%), 식물성유지(10%), 초콜릿칩(10%), 계란(5%), 베이킹파우더(3%), 소금(2%)

영양 정보: 총 제공량 90g 열량 450kcal
탄수화물 18g(6%) 단백질 2g(4%) 지방 8g(12%)

※ ( ) 안의 수치는 일일 영양성분 기준치에 대한 비율입니다.

유통기한: 2026년 6월 15일까지

보관 방법: 직사광선을 피하고 서늘하고 건조한 곳에 보관하세요.

제조원: 라온식품(주소: 대한시 민국구 만세로 180)

고객센터: 080-123-4567

---

1. 이 과자의 주된 성분은 무엇인가요?

2. 이 내용을 읽고 주의해야 할 점으로 적절한 반응을 한 사람은 누구인가요?

① 수지: 열량이 높으니 적당히 먹어야겠어.

② 민후: 우리 집 냉장고는 자리가 없어 보관이 어렵겠어.

 **Week 50** **일상생활**

놀이터 이용 안내문

놀이기구를 이용할 때는 아이들이 (   ) 없이 혼자 놀지 않도록 주의해 주세요. 모든 놀이기구는 안전을 위해 보호자의 관찰 아래 사용해야 합니다. 특히 미끄럼틀에서 내려올 때는 아래에 사람이 없는지 확인하고 내려와야 합니다. 떠날 때는 버리고 가는 (   ) 가 없는지 확인해 주세요.

1. 괄호 안에 어울리는 단어가 순서대로 연결된 것을 찾아요.

① 보호자, 장난감 ② 경비 아저씨, 쓰레기 ③ 보호자, 쓰레기

Week 2 일상생활

날씨 정보

[오늘의 날씨] 5월 15일 수요일

오전에는 대체로 맑다가 오후 3시경부터 비가 내리기 시작할 예정입니다. 비의 양은 10mm 내외로 예상됩니다. 기온은 아침 15도, 낮 최고 24도까지 오르겠습니다. 바람은 남서풍 3~5m/s로 약하게 불겠으며, 미세먼지는 '보통' 수준입니다. 내일은 비가 그치고 맑은 날씨가 이어질 예정입니다.

---

1. 다음 중 이 날씨 예보를 바르게 이해한 것은 무엇인가요?

　① 오전에는 우산을 준비해야 한다.

　② 오후에 야외 활동을 계획한다면 우비나 우산을 준비하는 것이 좋다.

　③ 내일도 비가 계속 내릴 예정이다.

에어컨 리모컨

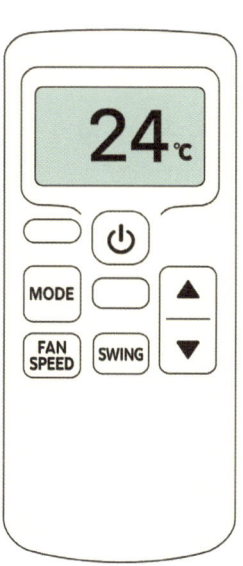

---

1. 다음 중 리모컨의 기능 설명으로 맞는 것은?

① SWING 버튼은 송풍 모드를 선택하는 버튼이다.

② ▲ 버튼은 온도를 높이는 데 사용된다.

③ 전원 버튼은 풍량을 조절한다.

 **Week 3** 국어 (시)

작은 별

밤하늘에 작은 별 하나
은은하게 빛난다.
조용한 바람이 불면
별빛도 더 반짝인다.
어두운 밤 속에서
작은 별은 길을 비춘다.
그 빛은 따뜻하고
조용히 나를 지켜본다.

---

1. 이 시가 주는 메시지는 무엇인가요?

① 별은 어두운 밤 속에서도 희망이나 위로를 줄 수 있다.

② 날씨가 맑아야 하늘의 별도 볼 수 있다.

2. 이 시의 '별'과 같은 존재를 여러분 주변에서 찾는다면 누구인가요?

늘봄학교는 반드시 필요할까요?

최근 교육부는 전국 초등학교에 '늘봄학교'를 시작하기로 했다. 늘봄학교란 본래 하던 정규 수업이 끝난 뒤에도 다양한 학습 프로그램을 제공해 아이들이 안전하고 알차게 시간을 보낼 수 있도록 지원하는 제도이다. 특히 맞벌이 가정이나 돌봄이 필요한 가정을 위해 마련된 이 제도는 방과 후 수업을 넘어 각종 예체능, 체험 활동, 자기주도 학습 등 다양한 선택 프로그램을 제공하는 것이 특징이다. 교육부는 이를 통해 학부모들이 아이를 돌보는 일에 대한 부담을 덜고, 아이들에게는 다양한 성장의 기회를 주겠다고 한다. 그러나 한편에서는 프로그램이 과연 아이들에게 도움이 될 만큼 잘 관리될지, 교사들이 일을 더 하게 되어 힘들진 않을지 염려하는 목소리도 나오고 있다.

1. 늘봄학교를 시작하는 이유가 나온 부분에 밑줄을 그으세요.
2. 늘봄학교에 대해 어떤 우려의 목소리가 나오고 있는지 말해요.

현재의 교통수단은 어떻게 변화했을까요?

옛날에는 사람들이 먼 거리를 걸어 다니거나 소나 말을 타고 (　) 했다. 그러다 기차와 자동차가 생기면서 이전보다 더 빠르게 (　) 할 수 있게 되었다. 이제는 비행기와 고속열차까지 있어서 아주 먼 곳까지도 쉽게 (　) 할 수 있다. 사람들은 편리한 교통수단 덕분에 여행과 일상이 더 편해졌다. 하지만 자동차와 비행기가 많아지면서 환경 오염 문제도 생겼다. 교통수단의 변화는 우리 생활을 바꾸었지만, 환경을 생각하는 노력 또한 필요하다.

1. 다음 중 괄호 안에 공통으로 들어갈 단어를 고르세요.
　① 변동　　② 이동　　③ 도보

2. 이 글을 읽고 가장 적절한 반응을 한 친구는 누구인가요?
　① 민서: 교통수단이 더 필요해.
　② 지은: 나는 비행기가 무서워.
　③ 영현: 교통수단의 발전도 환경을 생각하며 해야 해.

Week 50 과학 (환경)

공기가 오염되면 어떻게 될까요?

대기 오염은 우리가 살아가는 데 필요한 공기가 오염되는 것을 말한다. 주로 자동차나 공장에서 나오는 안 좋은 가스들이 공기를 오염시킨다. 이 가스들은 이산화탄소, 질소 산화물, 미세먼지 등이며, 공기 중에서 사람과 동물에게 해로운 영향을 미친다. 대기 오염이 심하면 스모그라는 안개가 생겨 앞이 잘 안 보이고 호흡기에도 문제가 생겨 질병에 걸릴 수 있다. 또한 지구 온난화도 점점 심해질 수 있다. 대기 오염을 줄이려면 청정에너지를 사용하고 자동차 배기가스를 줄이는 등의 노력이 필요하다.

1. 이 글은 어떤 흐름으로 되어 있나요?

① 예시 – 문제점 – 해결 방법

② 문제점 – 해결 방법 – 설명

③ 설명 – 문제점 – 해결 방법

Week 3 역사 (한국인물)

광개토대왕은 누구인가요?

광개토대왕은 고구려 제19대 왕으로, 18세의 어린 나이에 왕위에 올라 고구려의 전성기를 이끈 위대한 영웅이다. 그는 탁월한 리더십과 뛰어난 군사적 재능으로 고구려를 동아시아의 강대국으로 만들었다. 그는 즉위 초부터 적극적인 정복 활동을 펼쳐 북쪽으로는 만주 지역, 남쪽으로는 한강 유역까지 영토를 넓혔다. 특히 백제를 공격하여 한강 이북 지역을 차지하고, 신라를 도와 왜군을 격퇴했다. 그는 자신이 차지한 지역의 문화를 받아들이는 동시에 고구려의 문화를 주변 국가에 퍼트렸다. 또한 정복 전쟁을 통해 얻게 된 풍부한 자원을 바탕으로 고구려의 경제를 발전시켰다.

---

1. 다음 단어의 뜻을 바르게 이으세요.

① 전성기 •   • ㉮ 정치, 경제, 군사 등 여러 면에서 강력한 힘을 가진 나라

② 강대국 •   • ㉯ 적의 공격을 막아내어 물리치는 것

③ 즉위 •   • ㉰ 어떤 일이나 나라, 개인의 활동 등이 가장 왕성하고 번창한 시기

④ 격퇴 •   • ㉱ 임금의 자리에 오르는 것

Week 50 역사 (세계인물)

넬슨 만델라는 누구인가요?

넬슨 만델라는 남아프리카공화국의 첫 번째 흑인 대통령이다. 어릴 때는 시골 마을에서 흑인 아이에 대한 차별을 직접 느끼면서 자랐다. 어른이 되어 법을 공부하고 나자 그는 흑인들이 학교도 제대로 다니지 못하고 집도 자유롭게 살 수 없는 현실을 바꿔야겠다고 결심했다. 거리에서 평화로운 시위를 하거나 글과 연설로 사람들의 마음을 움직이기도 했지만 정부는 만델라를 위험한 사람이라고 생각해 27년 동안 감옥에 가두었다. 감옥에서 나와 대통령이 된 만델라는 자기를 가둔 사람들을 미워하지 않고 오히려 함께 잘 살아가자고 손을 내밀었다.

---

1. 다음 중 글의 내용을 순서대로 바르게 나열한 것은 어느 것인가요?

① 대통령이 되었다. → 감옥에 갇혔다. → 어릴 때 차별을 느꼈다. → 법을 공부했다.

② 어릴 때 차별을 느꼈다. → 법을 공부했다. → 감옥에 갇혔다. → 대통령이 되었다.

③ 평등한 나라를 만들었다. → 시위를 했다. → 대통령이 되었다. → 감옥에 갇혔다.

Week 3 과학 (물리)

자석에 붙는 물체는 무엇이 있을까요?

자석에 붙는 물체들은 철로 만들어졌다. 예를 들어 가위가 그렇다. 철로 된 물체가 자석에 붙으면 자석의 성질이 생긴다. 이를 자화라고 한다. 자석에는 두 개의 극이 있는데, 같은 극끼리는 서로 밀어내고 다른 극끼리는 서로 끌어당긴다. 우리 생활 속에서도 자석이 많이 사용된다. 냉장고 문이나 선풍기 같은 기계도 자석을 이용해 돌아간다. 자석 장난감, 자석 퍼즐 등의 놀이 도구에도 자석이 사용된다.

1. '자화'가 무엇인지 설명하세요.
2. 자석을 이용해서 할 수 있는 일이 있다면 무엇이 있을까요?

인권은 왜 중요한가요?

우리는 모두 사람답게 살 권리를 가지고 있다. 이를 인권이라고 한다. 인권은 특별한 사람만이 가진 것이 아니라 사람이라면 누구나 태어날 때부터 갖고 있는 소중한 권리이다. 예를 들면 안전하게 살 권리, 자유롭게 말할 권리, 교육을 받을 권리 등이 있다. 인권이 없으면 다른 사람이 나를 함부로 대하거나 자유를 빼앗을 수도 있다. 그래서 법은 사람들의 인권을 지키기 위해 만들어졌다. 인권은 눈에 보이지는 않지만 우리의 삶을 지켜 주는 큰 힘이다. 따라서 우리는 자신의 인권을 소중히 여기고 다른 사람의 인권도 함께 지켜야 한다.

1. 인권이 없다면 어떤 일이 생길 수 있나요?

딥페이크 기술은 왜 논란이 되고 있나요?

딥페이크 기술이 발전하면서 관련 범죄가 점점 증가하고 있다. 딥페이크는 인공지능을 활용해 영상이나 음성을 임의로 조작하는 기술로, 주로 가짜 정보를 만들어서 남을 속이는 사기 행위에 이용되고 있다. 조작된 영상은 사람들에게 혼란을 주거나 순식간에 잘못된 정보를 퍼뜨리기도 한다. 경찰청은 이를 막기 위해 노력하는 중이다. 전문가들은 딥페이크를 바르게 활용하는 법을 알리고 범죄 예방을 위한 교육이 필요하다고 강조하고 있다.

1. 이 글의 요약문을 읽고, 괄호 안에 들어갈 단어를 말해 보세요.

딥페이크 기술이 (　　　　)와 (　　　　)에 이용되고 있어 경찰청은 이를 막기 위해 노력하는 중이며, 딥페이크 사용에 대한 올바른 교육의 필요성이 커지고 있다.

숙제는 반드시 줄여야 할까요?

나는 학교 숙제를 줄여야 한다고 생각한다. 요즘은 학교 수업이 끝난 뒤에도 학원에 가는 친구가 많다. 집에 돌아오면 이미 저녁인데, 여기에 또 숙제를 하려면 너무 피곤하다. 게다가 숙제가 많으면 스스로 책을 읽거나 쉬는 시간이 부족해진다. 쉬는 시간은 머리를 쉬게 해 주고 새로운 생각을 떠올릴 수 있는 소중한 시간이다. 꼭 필요한 숙제만 한다면 더 즐겁게 공부할 수 있을 것이다.

---

1. 이 글을 읽고 숙제를 줄여야 하는 여러분만의 이유를 한 가지 말해 보세요.

영양제 제품 설명서

[영양제] 키쑥쑥 비타민

먹는 방법: 어린이(7~12세)는 하루에 1정을 물과 함께 먹습니다. 5세 미만 어린이는 반 정으로 나누어 먹습니다.

주의할 점: 이 제품을 먹고 있을 때는 다른 비타민제를 같이 먹지 마세요. 너무 많이 먹으면 배가 아플 수 있습니다.

보관 방법: 직사광선을 피하고 서늘한 곳에 보관하세요. 어린 동생이 혼자 먹지 않도록 손이 닿지 않는 곳에 두세요.

먹으면 좋은 점: 성장기 어린이의 키 성장과 뼈 건강에 도움을 줍니다.

1. 다음 중 이 제품 설명서의 내용을 바르게 이해한 것은?

① 10세 어린이가 하루에 2정을 먹으면 더 빨리 키가 클 수 있다.

② 6세 어린이는 5세 어린이보다 더 많은 양을 먹어야 한다.

③ 다른 영양제와 함께 먹으면 몸에 안 좋을 수 있다.

과자 성분표

45g 감자칩 스낵

- **원재료:** 감자 55%, 식물성 유지, 정제염, 향미증진제(글루탐산나트륨)
- **영양성분** (1회 제공량 45g당)

  열량: 440kcal   탄수화물: 18g   단백질: 3g

  지방: 16g (포화지방 8g, 트랜스지방 0g)   나트륨: 350mg
- **보관 방법:** 상온 보관
- **유통기한:** 2026년 9월 1일

---

1. 다음 중 과자 봉지에 적힌 내용을 잘못 이해한 사람은 누구인가요?

① 지성: 반을 먹고 남아서 냉장고에 넣었어.

② 수민: 열량이 너무 높네. 이걸 다 먹었으니 오늘 저녁은 조금만 먹어야겠다.

 **Week 3** 일상생활

간식 레시피

[쉬운 과일 샌드위치]

재료: 식빵 2장, 딸기 4개, 바나나 1개, 생크림 3큰술, 설탕 1작은술

만드는 법:

딸기는 깨끗이 씻어 꼭지를 제거하고 얇게 썹니다.

바나나는 0.5cm 두께로 동그랗게 썹니다.

생크림에 설탕을 넣고 섞어 단맛을 냅니다.

식빵 한 장에 단맛을 낸 생크림을 골고루 바릅니다.

생크림 위에 썬 딸기와 바나나를 올리고 나머지 식빵으로 덮습니다.

식빵 가장자리를 잘라내면 더 예쁜 모양이 됩니다.

---

1. 다음 중 이 요리법을 정확히 따르는 데 필요한 것은 무엇인가요?

　① 전자레인지

　② 칼과 도마

　③ 프라이팬

 **Week 49** 일상생활

날씨 예보

[오늘의 날씨]

7월 3일 목요일

전국에 가끔 구름이 끼겠으나 대체로 맑겠다. 아침 최저 기온은 20도, 낮 최고 기온은 30도이다. 오후 한때 소강 상태를 보이다가 저녁 7시부터 다시 빗방울이 떨어지겠다. 예상 강수량은 8mm 내외이다. 바람은 남동쪽에서 초속 4미터로 불며 습도가 높아 후텁지근하겠다. 미세먼지는 '보통' 수준이다.

---

1. 이 글에서 '경기나 상황 따위가 잠잠해져 한동안 변동이 없는 상태'를 뜻하는 단어를 찾아 보세요.
2. 다음 중 이 예보를 바르게 이해한 것은?
    ① 저녁에 세차하면 깨끗한 차를 오래 유지할 수 있다.
    ② 낮에는 야외에서 운동하기에 무난하다.
    ③ 아침에 우산을 꼭 챙겨야 한다.

새로운 날

한참 자는데 누가 문을 톡톡 두드려.
아, 햇살이구나!
햇살로 세수하고
눈을 비비며 자리에서 일어나
엄마가 해 놓은 계란 프라이를 먹는다.

오늘은 또 무슨 일이 있을까?
새 소리 들으니 기대감이 커진다.
가자, 학교로
가자, 우리 함께

1. 시 속의 화자(말하는 이)는 어떤 기분일까요?
2. 시 속 화자에게 하고 싶은 말을 써 보세요.

 **Week 49** 시사

한반도는 지진에서 안전할까요?

한반도는 오랫동안 지진에 비교적 안전한 지역으로 여겨져 왔다. 그러나 최근 몇 년 사이 경북 경주(2016년), 포항(2017년) 등에서 규모 5.0이 넘는 강진이 발생하면서 지진에 대한 걱정의 목소리가 나오고 있다. 기상청에 따르면 한반도와 그 주변 바다 지역에서 발생한 지진의 횟수가 점점 늘어나고 있다. 2023년 한 해 동안에도 사람이 느낄 수 있는 정도의 지진이 관측되었다. 이는 한반도가 지진으로부터 완전히 안전하지 않다는 사실을 보여 준다. 전문가들은 한반도가 판의 경계에서는 떨어져 있지만 유라시아판 내부에 있는 만큼 중간 규모 이상의 지진도 언제든지 발생할 수 있다고 경고한다. 지금은 지진에 대한 철저한 대비와 지속적인 관심이 절실한 때다.

---

1. 이 글에서 '우리나라가 자리 잡고 있는, 바다로 둘러싸인 땅덩어리'를 뜻하는 단어는 무엇인가요?
2. 이 글을 보아 알 수 있는 사실로 맞는 것을 모두 고르세요.
   ① 판의 경계에서는 지진이 잘 일어난다.
   ② 한반도는 더 이상 지진 안전지대가 아니다.
   ③ 지진이 나면 안전한 일본으로 대피해야 한다.

Week 4 사회 (지리)

촌락과 도시의 생활 모습은 어떻게 다를까요?

촌락과 도시는 생활 모습이 많이 다르다. 촌락에서는 사람들 대부분이 자연과 가까운 삶을 살며 농업, 목축업, 임업, 수산업 등의 1차 산업에 주로 종사한다. 이는 어떤 생산 활동을 하는지와 지리적 위치에 따라 농촌, 산촌, 어촌으로 구분된다.

(   ) 도시는 많은 사람이 모여 사는 곳으로, 건물들이 빽빽하게 들어서 있고 교통수단이 발달해 있어 이동하기 빠르다. 도시에는 상점과 학교, 병원, 회사 등 다양한 시설들이 있어 사람들이 편리하게 이용할 수 있다.

1. 이 글에서 아래 뜻을 가진 단어를 찾아 동그라미 치세요.
   작은 마을이나 시골 지역

2. 다음 중 괄호 안에 들어갈 알맞은 연결어를 찾으세요.
   ① 더구나   ② 반면   ③ 그래서

Week 49 과학 (지구과학)

지구를 둘러싸고 있는 대기는 우리가 숨을 쉬는 데 필요한 산소를 주고 기온을 일정하게 유지하는 역할을 한다. 대기는 여러 층으로 나뉘어 있으며, 가장 가까운 층인 대류권에서는 날씨가 변한다. 날씨는 기온, 습도, 기압 등의 영향을 받는다. 따뜻한 공기는 위로 올라가고 차가운 공기는 아래로 내려가면서 바람이 불고, 이에 따라 비나 눈이 내리기도 한다. 날씨는 하루 동안에도 자주 바뀌지만 계절에 따라서도 큰 변화를 겪는다. 이를 통해 우리는 계절의 변화나 특정 지역 날씨의 특성을 알 수 있다.

1. 이 글의 제목으로 가장 어울리는 것을 찾으세요.

① 대기와 날씨　② 날씨와 생활　③ 지구와 계절

진흥왕은 누구인가요?

진흥왕은 신라의 제24대 왕이다. 그는 540년부터 576년까지 37년간 신라를 다스리며 삼국 시대의 강대국으로 성장시켰다. 진흥왕은 특히 영토 확장을 많이 했는데 한강 유역을 차지해 신라를 경제, 군사적으로 강하게 만들었다. 또한 대가야를 정복하고 북쪽으로는 함경남도 지역까지도 땅을 넓혔다. 진흥왕은 화랑도를 만든 것으로도 잘 알려져 있다. 화랑도는 신라의 청소년들을 교육하는 기관이다. 이들은 신라의 정치, 군사 등 여러 분야에서 활약했다. 진흥왕은 불교를 장려하기 위해 황룡사를 세워 불교를 통해 백성들의 마음을 모았다. 또한 가야의 이름난 음악가 우륵을 신라에 받아들여 음악 발전에 힘을 쓰기도 했다.

---

1. 글을 읽고 '진흥왕이 한 일'에 밑줄을 그으세요.

2. 다음 중 진흥왕이 한 일이 아닌 것을 찾아 보세요.

① 한강 유역을 차지해서 나라를 강하게 만들었다.

② 화랑도를 만들어서 여러 분야에서 활약하게 했다.

③ 가야로 가서 우륵을 도와 음악을 발전시켰다.

피카소는 누구인가요?

파블로 피카소는 스페인의 화가이다. 그는 아주 어릴 때부터 그림을 잘 그렸다. 처음에는 실제 사람처럼 보이는 그림을 그렸지만 자라면서 '그림은 꼭 똑같이 그리지 않아도 된다'라고 생각하여 〈입체주의〉라는 아주 독특한 방식을 만들었다. 사물을 여러 각도에서 본 것처럼 표현하는 그의 방식은 많은 사람에게 신선한 충격을 주었다. 그는 〈게르니카〉라는 유명한 그림도 그렸는데, 이 그림은 전쟁 때문에 고통받는 사람들과 동물들의 아픔을 담고 있다. 피카소는 이 그림을 통해 전쟁이 얼마나 무서운 일인지 알리고자 했다. 피카소는 평생 그림을 그리면서 계속 새로운 시도를 했다. 파란색만 쓴 〈청색 시대〉, 밝고 따뜻한 느낌의 〈장밋빛 시대〉처럼 그의 그림은 마음의 변화도 잘 보여 준다. 또한 그림뿐만 아니라 조각, 도자기, 무대미술 등 여러 분야에서도 활동했다.

---

1. '입체주의'란 어떤 방식인가요?
2. 그가 전쟁의 무서움을 알리기 위해 그린 그림 제목은 무엇인가요?

 과학 (물리)

자석의 성질을 알아 보아요.

자석과 자석 사이에는 작용하는 힘이 있다. 자석은 서로 끌어당기거나 밀어내는 힘을 가진다. 자석의 두 끝을 'N극'과 'S극'이라고 부르는데 서로 다른 극끼리는 가까이 가져가면 끌어당기고, 같은 극끼리는 밀어내는 성질을 가진다. 두 자석의 N극과 S극을 가까이 대면 서로 붙지만 N극끼리나 S극끼리 가까이 대면 서로 밀어낸다. 자석은 나침반, 전자기기, 그리고 고속열차와 같은 곳에서 사용되는데 이러한 자석의 힘은 우리 생활을 편리하게 해 준다.

---

1. 이 글의 내용과 다른 것을 모두 찾아 보세요.

① 자석은 서로 끌어당기거나 밀어내는 힘이 있다.

② 같은 극은 서로 끌어당긴다.

③ 다른 극은 서로 밀어낸다.

법과 도덕은 무엇이 다를까요?

법과 도덕 모두 사회에서 바르게 살기 위한 약속이지만 둘은 조금 다르다. 법은 꼭 지켜야 하며, 어기면 벌을 받는다. 예를 들어 물건을 훔치면 처벌을 받는다. 반면에 도덕은 마음으로 지키는 약속이다. 예를 들어 길에서 쓰레기를 줍는 건 법은 아니지만 착한 행동이다. 도덕을 어긴다고 해서 어떤 벌을 받지는 않지만 다른 사람이 속상해할 수 있다. 법은 정해진 규칙이고, 도덕은 서로를 배려하는 마음이다. 우리는 법만 지킬 게 아니라 도덕까지 함께 지켜야 모두가 기분 좋고 행복한 사회가 된다.

1. 이 글에 쓰인 설명 방식을 모두 찾으세요.

① 대조　② 정의　③ 예시　④ 원인-결과

물건 배달을 로봇이 하면 어떤 일이 일어날까요?

앱(애플리케이션)으로 어떤 물건을 주문하면 로봇이 해당 물건을 담아서 주문한 사람의 집으로 배달을 해 주는 서비스가 있다. 무인 자율 주행 로봇이다. 상품을 주문할 때 앱에서 '로봇 배달'을 선택하면 주문한 사람의 집에 도착하기 전에 곧 도착한다는 알림도 보낸다. 주문한 사람은 로봇이 도착하면 로봇에 상품이 담긴 곳을 열어 물건을 받을 수 있다. 이러한 로봇 배달은 날씨가 아주 좋지만 않다면 무리 없이 운영될 것이다.

1. 이 글의 제목으로 어울리는 것을 고르세요.

　① 주문 상품, 로봇이 슝!

　② 로봇이 걸어다니는 거리

2. 물건 배달을 로봇이 하면 어떤 문제가 생길 수 있을까요?

학교에 실내화 말리는 공간이 필요할까요?

나는 학교에 실내화 말리는 공간이 꼭 필요하다고 생각한다. 비 오는 날 신발이 젖으면 실내화까지 축축해져서 발이 불편하다. 그런데 지금은 실내화를 말릴 곳이 마땅하지 않다. 실내화가 젖은 채로 하루 종일 신고 있으면 발에서 냄새가 나고 기분도 좋지 않다. 복도 한쪽이나 교실 뒤에 작은 건조대를 두면 누구나 실내화를 잠깐씩 걸어 둘 수 있다. 이런 공간이 있으면 교실도 깨끗해지고 모두 더 쾌적하게 지낼 수 있을 것이다.

1. 글쓴이는 어떤 근거를 들어 자신의 주장을 뒷받침하고 있나요? 이 글에서 찾아 밑줄을 긋고 설명해 보세요.

마트 할인 전단지

이번 주, ○○마트에서 놓치면 후회할 특가 상품을 만나 보세요!

신선 코너: 제주 생물 갈치(1마리) 9,900원, 친환경 쌈 채소(1팩) 2,500원, 홍로 사과(1팩) 6,500원

가공식품 코너: 햇반(6개입) 8,900원, 참치캔(4개입) 7,500원

생활용품 코너: 화장지(30롤) 15,000원, 세탁세제(3L) 12,000원

행사 기간: 2026년 3월 11일(수) ~ 3월 17일(화)

---

1. 다음 중 ○○마트 할인 전단을 보고 짐작한 내용으로 적절하지 않은 것은 무엇인가요?

① 이번 주말에는 ○○마트에서 저녁 식사 재료를 저렴하게 구매할 수 있다.

② 1인 가구는 햇반과 참치캔을 구매하여 간편하게 식사를 해결할 수 있다.

③ ○○마트에서는 신선 식품 외에도 다양한 가공식품과 생활용품을 판매한다.

④ 이번 주 할인 상품 중에서는 냉동 삼겹살을 사는 것이 경제적이다.

 **Week 48** 일상생활

날씨 예보

[오늘의 날씨]

6월 10일 화요일

아침에는 흐리고 기온은 18도이다. 낮에는 구름이 걷히며 26도까지 오르겠다. 오후 4시 무렵부터 약한 소나기가 내리겠고, 예상 강수량은 5mm 내외이다. 바람은 북서쪽에서 초속 2미터로 불겠다. 미세먼지 농도는 '좋음' 수준이다. 내일은 맑고 더운 날씨가 이어진다.

---

1. 다음 중 이 예보를 바르게 이해한 것은?

① 아침에는 햇빛이 강하니 선크림을 바르는 것이 좋다.

② 오후에 산책을 가려면 가벼운 우비를 준비하는 것이 좋다.

③ 바람이 세게 불 예정이니 야외 축구는 위험하다.

우리 동네 도서관 안내문

책과 함께 신나는 여름방학!
우리 도서관에서 특별한 여름방학 프로그램을 준비했어요.

독서 교실: 매주 화요일, 재미있는 책을 읽고 친구들과 생각을 나눠요.
영화 상영: 매주 목요일, 신나는 애니메이션 영화를 함께 봐요.
만들기 체험: 매주 금요일, 신기한 로봇과 예쁜 팔찌를 만들어요.
일시: 2026년 7월 22일 ~ 8월 16일, 매주 화/목/금 오후 2시
장소: 우리 도서관 2층 문화 교실
문의: 02-1234-5678

---

1. 이 안내문을 보고 바람직하게 반응한 친구는 누구인가요?
　① 도윤: 와, 도서관에서 영화를 보면 학원 안 가도 되어서 좋을 것 같아.
　② 민지: 금요일에 엄마께 얘기해서 좋아하는 만들기를 해 보고 싶어.
　③ 서후: 나는 책이 진짜 싫어. 화요일이 기대되네.

 **Week 48** 일상생활

문구점 여름휴가 안내문

안녕하세요, 하늘 문구를 찾아주셔서 감사합니다!
저희 문구점은 여름휴가로 인해 잠시 쉬어갑니다.
이용에 불편을 드려 정말 죄송합니다.

[휴무 기간] 2025년 7월 26일(토) ~ 2025년 8월 1일(금)

[정상 영업 시작일] 2025년 8월 2일(토) 오전 10시

즐거운 여름방학 보내시고,
더욱 다양한 학용품과 문구로 찾아뵙겠습니다.
문의 전화: 02-123-4567

---

1. 하던 일을 잠시 쉬는 것을 뭐라고 하나요?
2. 7월 27일에 문구점에 온 지영이는 이 글을 보고 다음과 같이 엄마에게 문자를 했어요. 빈칸을 채워 보세요.

   엄마, 문구점이 (   )래요. (   )를 가신 것 같아요. 색종이를 살 수 없는데 어쩌죠?

 **Week 5** 국어 (시)

내 입은 전쟁 중

김이 모락모락 나는 밥
한가득 떠서 입안에 풍덩
김치 한 조각 또 풍덩
햄 한 조각 또 풍덩
입안이 어느새 복작복작
행복한 전쟁 중이다.
앗 어느새 꿀꺼덕
다시 평화로워진 입안
다음 전쟁을 기다린다.

---

1. 이 시의 화자(말하는 이)는 지금 무엇을 하고 있나요?
2. '행복한 전쟁'과 비슷한 표현을 보기에서 찾아 보세요.
   ① 아름다운 노래   ② 화려한 가난   ③ 서글픈 외로움

메타버스는 무엇이고 어떻게 활용하나요?

최근 교육, 게임, 쇼핑, 회의 등 다양한 분야에서 메타버스를 활용하는 일이 늘고 있다. 메타버스는 '가상(meta)'과 '우주(universe)'를 합친 말로, 현실처럼 소통하고 활동할 수 있는 3차원 디지털 공간을 뜻한다. 특히 코로나19 이후 사람들이 온라인에서 자주 만나면서 메타버스가 새로운 소통 수단으로 관심받기 시작했다.

실제로 일부 학교에서는 가상 교실에서 수업을 진행하고, 어떤 회사는 메타버스 공간에서 회의를 열기도 한다. 학생들은 가상 캐릭터를 이용해 친구와 놀고, 기업은 가상의 매장에서 제품을 알리기도 한다. (   ) 메타버스의 발전으로 인해 새로운 고민거리도 생겨나고 있다. 개인정보 보호, 가상 공간에서의 폭력 문제, 간혹 사람들이 가상과 현실을 헷갈려 하는 점 등과 같은 문제이다.

---

1. 괄호 안에 들어갈 이어 주는 말은 무엇인가요?

　　① 따라서　　② 그러므로　　③ 하지만

2. 이 글은 어떤 방식으로 진행되고 있나요?

　　① 뜻 – 사례 – 문제점　　② 뜻 – 문제점 – 예시

우리나라는 어디에 있을까요?

제목 : 우리나라의 (   )

우리나라는 아시아 대륙의 동쪽에 있는 나라이다. 세계 지도를 보면 우리나라는 태평양 가까이에 있으며 북쪽에는 북한이 있고, 남쪽에는 바다를 사이에 두고 일본이 있다. 오른쪽에는 동해가 있고 왼쪽에는 서해가 있으며 아래쪽에는 남해가 있다. 이렇게 삼면이 바다로 둘러싸여 있어 예로부터 우리나라는 바닷길을 이용해 다른 나라와 쉽게 교류할 수 있었다. 중국, 일본과 무역을 하였고 외국 문화를 받아들이는 데에도 유리했다.

1. 이 글의 제목 괄호 안에 들어갈 가장 알맞은 단어는 무엇인가요?

① 특징   ② 위치   ③ 장점

태양계는 어떻게 이루어져 있나요?

태양계는 태양을 중심으로 여러 행성과 천체들이 함께 돌고 있는 거대한 가족과도 같다. 태양과 가장 가까운 수성은 뜨거운 태양빛 때문에 낮에는 매우 뜨겁고 밤에는 매우 추운 행성이다. 반짝이는 금속처럼 보이는 금성은 온실 효과가 강하게 일어난다. 우리가 사는 지구는 물과 공기가 있어 생명체가 살기 적합한 유일한 행성이다. 붉은색으로 보이는 화성은 과거 물이 있던 흔적이 발견되기도 했다. 가장 큰 목성은 거대한 가스 덩어리로 이루어져 있다. 아름다운 고리를 가진 토성은 얼음과 암석 조각으로 이루어진 고리가 있다. 푸른색으로 빛나는 천왕성과 해왕성은 얼음으로 이루어진 차가운 행성이다.

---

1. 이 글의 내용으로 보아 다음 빈칸에 들어갈 행성의 이름은?

 역사 (한국인물)

을지문덕은 누구인가요?

을지문덕 장군은 외세의 침입에 맞서 고구려를 지킨 장군이다. 당시 아주 큰 나라였던 수나라가 백만 명이나 되는 큰 군대를 이끌고 고구려를 쳐들어왔다. 을지문덕 장군은 작은 고구려 군대를 이끌고 큰 수나라 군대와 싸워 이겼다. 특히 '살수대첩'이라는 아주 유명한 전투에서 멋진 전략으로 수나라 군대를 물리쳤다. '살수'는 지금의 청천강이다. 을지문덕 장군은 수나라 군대를 살수까지 끌고 가서 물로 공격했다. 좁은 길목에 몰아넣고 물을 터뜨려 큰 피해를 준 것이다. 이로 인해 수나라 군대는 거의 모두 물에 빠져 죽었다. 이 전투는 우리나라 역사에서 가장 멋진 승리로 남아 있다.

1. 다음은 을지문덕 장군에 대해 간단히 정리한 글이에요. 빈칸에 들어갈 단어를 쓰세요.

을지문덕은 고구려를 지킨 장군이다. (　　)가 백만 명의 군대를 끌고 고구려를 쳐들어왔을 때 (　　)에서 그들을 몰아냈다.

Week 48 — 역사 (세계인물)

헬렌 켈러는 누구인가요?

헬렌 켈러는 (   ). 그녀는 태어난 지 얼마 안 되어 병을 앓아 보지도 듣지도 말하지도 못하게 되었다. 하지만 설리번 선생님을 만나 손바닥에 글씨를 쓰는 방법으로 글자와 세상을 배우기 시작했다. 그녀는 어려운 장애를 딛고 대학까지 졸업했다. 당시 여자는 대학에 가기 어려웠던 시절이었지만, 헬렌은 끈기와 노력으로 당당히 꿈을 이루었다. 성인이 된 헬렌은 자신만 잘 사는 데 그치지 않고 다른 장애인들을 도우며 세상이 더 평등해지도록 노력했다. 장애가 있는 사람도 교육을 받고 일할 수 있어야 한다고 말하며, 세계 여러 나라를 다니며 강연도 했다. 또한 여성의 권리, 전쟁 반대, 가난한 사람들을 향한 관심 등 여러 인권 문제에도 목소리를 냈다.

---

1. 괄호 안에 들어갈 문장으로 어울리는 것은?

① 어려서부터 말과 글을 잘했던 여성이다.
② 많은 책을 쓴 유명한 작가이다.
③ 여러 가지 일을 한 사람이다.
④ 장애를 가졌지만 자신의 삶을 잘 이끌어 간 여성이다.

 **Week 5** 과학 (물리)

물리학을 공부하면 무엇이 좋을까요?

물리는 세상의 움직임과 변화를 알려 주는 학문이다. 물리학에서는 힘, 에너지, 운동과 같은 단어가 많이 나온다. 힘은 물체를 밀거나 당겨서 움직이게 만드는 것이고 에너지는 일을 할 수 있는 능력이다. 운동은 물체가 위치를 바꾸는 현상을 말한다. 우리가 자전거를 탈 때 페달을 밟으면 힘과 에너지가 작용하여 자전거가 앞으로 움직이는 것과 같다. 이처럼 물리학을 공부하면 세상의 다양한 현상들을 더 잘 이해할 수 있다.

1. 이 글을 읽고 알맞은 반응을 한 친구를 찾아요.

① 수지: 아, 우리 아빠가 가구를 옮길 때 움직인 것도 운동이구나.

② 지민: 물체는 스스로 움직일 거야.

③ 재환: 물리학은 사실 어렵기만 하고 필요 없어.

법원은 무슨 일을 하나요?

사람들이 법을 어겼을 때 그 사람이 정말 잘못했는지 따져 보고 합당한 벌을 정하는 곳이 법원이다. 법원에서는 판사, 검사, 변호사가 함께 일한다. 판사는 가운데에서 공정하게 판단하고, 검사는 나쁜 행동이 있었는지를 밝히려고 노력하며, 변호사는 법에 따라 공정한 재판을 받을 수 있도록 도와주는 역할을 한다. 법원은 말다툼이 아니라 법에 따라 조용히 문제를 해결하는 곳이다. 법원이 있기 때문에 우리 사회는 공정하게 문제를 해결할 수 있다.

1. 법원에서 일하는 사람들은 누구인가요?
2. 법원이 없다면 어떤 일이 벌어질까요?

디지털 교과서가 교육자료가 되었어요.

인공지능 디지털 교과서가 교과서로 쓰이려던 것에서 교육 자료로만 쓰이기로 결정이 되면서 이를 도입하기로 한 학고가 많이 줄었다. 디지털 교과서는 무거운 종이 교과서 대신 태블릿 PC나 노트북을 이용하여 학습하는 방식이다. 디지털 교과서는 텍스트뿐 아니라 그림, 영상, 음성 등 다양한 학습 자료를 포함하고 있어 학습의 흥미를 높이기 위해 도입되기로 하였으나, 이번에 교과서가 아닌 교육 자료로만 쓰기로 결정된 것이다.

---

1. 디지털 교과서를 학교에서 사용하기로 했던 이유가 나온 부분에 밑줄을 그으세요.

노키즈존이 반드시 필요할까요?

노키즈존은 없어져야 한다. 어린이도 식당이나 카페에서 가족과 함께 편히 시간을 보낼 권리가 있다. 노키즈존은 어린이에게 그런 기회를 막아버리는 불공평한 규칙이다. 또한 누군가를 어디에 못 들어오게 막으면 이것이 점점 퍼져서 나중에는 남자, 여자, 할머니, 할아버지 등까지 차별하는 일이 늘어날 것이다. 시끄러운 행동이 문제라면 어린이뿐만 아니라 어른도 지켜야 할 규칙을 만들면 된다. 모두가 함께 어울릴 수 있는 공간이 더 많아지는 사회가 더 따뜻하다.

---

1. 이 글을 쓴 목적은 무엇인가요?
   ① 노키즈존의 장점을 설명하기 위해
   ② 노키즈존을 반대하기 위해

2. 이 글의 종류는 무엇인가요?
   ① 설명하는 글   ② 편지글   ③ 주장하는 글   ④ 일기

 **Week 5** 일상생활

학교 벼룩시장 안내문

우리 학교에서 환경을 사랑하는 마음을 담아 벼룩시장을 열어요.
내가 안 쓰는 물건을 친구와 바꿔 써요.
맛있는 간식도 먹고, 재미있는 게임도 함께해요.
벼룩시장에서 얻은 수익금은 모두 동물 보호 단체에 기부해요.

일시: 2026년 6월 13일(토) 오전 10시 ~ 오후 3시
장소: 우리 학교 운동장
준비물: 안 쓰는 물건, 신나는 마음

---

1. 다음 뜻을 가진 단어를 안내문에서 찾아 보세요.
   어떤 활동이나 사업을 통해 얻은 이익이나 결과

2. 이 글을 읽고 수민이가 엄마에게 전화를 했어요. 빈칸에는 어떤 말이 들어갈까요?
   수민 : 엄마! 이번 주 (   )에 우리 학교 벼룩시장에 가요.

Week 47 일상생활

커피 상품 안내문

지구와 사람이 함께하는 착한 소비, 공정무역 커피

이 커피는 공정무역으로 생산되었습니다. 공정무역은 생산자에게 정당한 가격을 지불하고, 어린이 노동 없이 안전한 환경에서 일할 수 있도록 돕습니다. 또한 환경을 보호하고 지속 가능한 농업 방식을 지키면서 제조되었습니다. 이 커피 한 잔에는 멀리 떨어진 농부들의 땀과 노력이 담겨 있습니다. 여러분의 착한 선택은 이들이 가난에서 벗어나 자립하고 아이들이 학교에 가는 데 큰 힘이 됩니다. 우리의 작은 소비가 세상을 더 나은 곳으로 만듭니다. 공정무역 커피로 함께 더 나은 세상을 만들어가요!

---

1. 이 글의 내용으로 보아 공정무역이란 무엇인가요?

① 커피를 더욱 맛있게 만드는 기술
② 물건을 사고파는 사람들이 정해진 규칙 없이 자유롭게 거래하는 것
③ 생산자에게 올바른 값을 주고 환경을 보호하며 물건을 만드는 일
④ 유명한 회사에서만 만들 수 있는 특별한 물건

 **Week 5** 일상생활

동네 안전 수칙

1. 횡단보도를 건널 때는 항상 초록불을 확인하고, 차가 멈췄는지 꼭 확인하세요.

2. 자전거를 탈 때는 꼭 안전모를 쓰고, 인도 대신 자전거 도로를 이용하세요.

3. 놀이터에서 놀 때는 친구들과 질서를 지키고, 위험한 놀이기구는 사용하지 마세요.

4. 길을 잃었을 때는 당황하지 말고 가까운 어른이나 경찰관에게 도움을 요청하세요.

---

1. 이 글을 읽고 바르게 행동한 친구는 누구인가요?

① 서진: 자전거를 타고 인도로 지나갔다.

② 수아: 학원을 가다 길을 잃어 주저앉아 울었다.

③ 지후: 횡단보도가 초록불로 바뀌자 좌우를 살피고 건넜다.

Week 47 일상생활

분류배출 안내문

1. 플라스틱/페트병 : 뚜껑을 분리하고 내용물을 비운 후 물로 깨끗하게 헹궈요. 페트병은 라벨을 떼고 납작하게 눌러 버려요.
2. 종이류(신문, 책, 상자 등) : 물기에 젖지 않게 하고, 반듯하게 펴서 쌓아요. 택배 상자 테이프나 운송장 스티커는 꼭 제거해요. 코팅된 종이(광고 전단지, 사진, 비닐 코팅컵)는 일반 쓰레기로 버려요.
3. 비닐류 : 음식물이 묻어있지 않게 깨끗하게 헹궈요. 이물질이 묻은 비닐은 일반 쓰레기로 버려요.
4. 유리병 : 뚜껑을 제거하고 내용물을 비운 후 물로 헹궈요. 재사용되는 병은 깨뜨리지 않고 전용 수거함에 버려요. 깨진 유리컵/접시는 유리병이 아니에요. 신문지에 싸서 종량제 봉투에 버려요.

---

1. 다음 중 이 안내문에 따라 올바르게 분류 배출한 것은 무엇인가요?

① 택배 상자에 붙은 테이프를 떼지 않고 종이류로 버린다.
② 음식물이 묻은 비닐봉지를 그냥 비닐류에 넣는다.
③ 다 마신 페트병의 라벨을 떼고 납작하게 눌러서 버린다.
④ 깨진 유리컵을 유리병 전용 수거함에 넣는다.

희망

희망은 내 마음속에 있다.
그 희망은 밝게 빛난다.
어떤 어려움이 닥쳐도,
희망은 내 마음속에 있다.

---

1. 첫 행 '희망은 내 마음속에 있다'가 마지막 행에도 반복되면 어떤 점에서 좋을까요?

　① 시가 길어진다.

　② 희망이 나에게 있다는 것을 강조할 수 있다.

2. 이 시의 제목을 새롭게 지어 보세요.

과대포장 문제를 해결하기 위한 제도는 무엇이 있나요?

환경부에서 포장을 너무 과대하게 하는 문제를 개선하기 위해 새로운 기준을 만들었다. 택배를 포장할 때는 1회만, 상품과 포장 사이의 빈 공간 비율은 50% 이하여야 한다. 불필요하게 큰 박스에 넣는 것, 박스를 이중으로 포장하는 것 등은 앞으로 금지한다는 것이다. 이 기준은 2024년 4월 30일부터 적용하지만, 적응하는 시간을 확보하기 위해 실제 단속은 2026년부터 시행한다. 환경부는 각 업체들이 과대포장을 줄이기 위한 의식을 가지고 노력해야 쓰레기를 줄이고 탄소 배출량도 줄일 수 있다고 강조한다.

1. 이 글의 내용과 맞지 않는 것을 고르세요.
  ① 택배를 포장할 때는 한 번만 포장해야 한다.
  ② 2024년 4월 30일부터 과대포장을 하면 바로 과태료를 내야 한다.
  ③ 상품과 포장 사이 빈 공간 비율은 50% 이하여야 한다.

우리나라의 자연환경은 어떨까요?

(   ) 동쪽 지역에는 태백산맥 같은 높은 산이 많아 경사가 가파르고, 땅이 험한 편이다. 그래서 산속에는 나무가 울창하게 자라고, 사람들이 사는 마을은 산과 산 사이 골짜기에 있는 편이다. 반면 서쪽 지역은 평야가 넓고 땅이 낮아서 농사를 짓기 좋아 쌀을 많이 생산한다. 남쪽 지역은 기온이 따뜻하고 비가 많이 내려서 감귤, 배, 꽃 같은 작물이 잘 자란다. 북쪽 지역은 겨울이 길고 기온이 낮아 추운 날씨에 적응한 식물들이 많다.

1. 이 글의 첫 문장으로 어울리는 것을 찾아요.

① 우리나라는 살기 좋은 곳이다.

② 우리나라는 땅이 좁다.

③ 우리나라는 지역마다 자연환경이 서로 다르다.

 **Week 47** 과학 (지구과학)

화산은 왜 폭발할까요?

화산은 지구 내부의 뜨거운 마그마가 지표면의 약한 틈을 뚫고 나오는 자연 현상이다. 땅속 깊은 곳의 마그마가 압력을 받아 올라오면서 지각의 약한 부분을 뚫고 나오는데, 이때 화산재, 용암, 화산 가스 등이 함께 (   )된다. 화산 활동은 주변 환경에 큰 영향을 미치며, 때로는 엄청난 피해를 주기도 하지만 새로운 땅을 만들고 독특한 지형(땅의 모양)을 형성하는 긍정적인 역할도 한다.

---

1. 괄호 안에 어울리는 단어를 찾아 보세요.

① 생성 　　　② 소멸 　　　③ 분출

 **역사 (한국인물)**

선덕여왕은 누구인가요?

선덕여왕은 신라의 첫 번째 여성 임금으로, 나라를 잘 다스리기 위해 여러 가지 일을 했다. 우선 별을 관찰하는 첨성대를 만들었다. 이것은 우리나라에서 별을 보는 가장 오래된 곳이다. 또한 백성들이 농사를 잘 지을 수 있도록 도왔고 부처의 힘으로 나라의 어려움을 극복하고자 절을 지었다. 선덕여왕 때 신라는 큰 어려움을 겪었다. 백제라는 나라가 신라를 공격했고 신라 안에서도 싸움이 일어났다. 선덕여왕은 어려운 상황에서도 나라를 지키기 위해 힘써 노력했다.

---

1. 신라 시대에 하늘의 별을 관찰했던 기구를 무엇이라고 하는지 글에서 찾아 보세요.

2. 이 글에 등장한 나라 이름을 모두 말해요.

Week 47 역사 (세계인물)

아인슈타인은 누구인가요?

알베르트 아인슈타인은 독일에서 태어난 과학자이다. 그는 어릴 때부터 말이 느리고 조용한 아이였지만 머릿속에는 늘 깊은 생각이 가득했다. 학교에서는 선생님이 가르쳐 주는 대로만 외우는 것을 싫어하고 왜 그런지 계속 질문하는 아이였다. 아인슈타인은 자라서 수학과 과학을 공부했고, 빛과 시간을 연구하다가 '상대성 이론'을 발표했다. 그는 '시간은 누구에게나 똑같을까?', '빛은 어떻게 움직일까?'와 같은 질문에서 시작해 자신이 발견한 우주와 세상의 원리를 새롭게 설명했다. 전쟁과 무기에 과학이 사용되는 것을 걱정한 아인슈타인은, 과학은 사람을 해치는 것이 아니라 돕는 데 써야 한다고 생각했다. 그래서 평화와 인권, 차별받는 사람들의 권리에도 늘 관심을 가지고 목소리를 냈다.

---

1. 이 글의 내용과 다른 것을 찾아요.

　① 아인슈타인은 어릴 때 조용하고 질문이 많은 아이였다.
　② 아인슈타인은 전쟁 무기를 만들기 위해 과학을 공부했다.
　③ 아인슈타인은 사람들을 돕는 데 과학이 쓰이기를 바랐다.

무엇이 물체를 움직이게 하나요?

(　　　　)은/는 물체를 밀거나 당겨서 움직이게 하는 것이다. 예를 들어, 우리가 문을 손으로 밀면 문이 열린다. 이때 손으로 밀고 있는 (　　　　)이 문을 움직이게 한다. 또한, 자동차가 달리려면 엔진에서 발생하는 (　　　　)이 필요하다. (　　　　)이 없으면 물체는 움직이지 않거나 멈추게 된다. 그래서 (　　　　)을/를 사용하는 방법을 알면 우리는 물체를 밀거나 끌거나 움직이게 할 수 있다.

1. 괄호 안에 공통으로 들어갈 맞는 단어는 무엇인가요?
　　① 운동　　② 힘　　③ 에너지

법은 왜 중요할까요?

우리가 함께 살아가려면 지켜야 할 약속이 필요하다. 이 약속을 우리는 (　　)이라고 부른다. 법이 없으면 사람들이 제멋대로 행동해서 다툼이 생길 수 있다. 예를 들어, 신호등 없이 차가 다닌다면 사고가 날 수 있다. 그래서 나라에서는 사람들이 서로 다치지 않고 안전하게 살아갈 수 있도록 (　　)을 만든다. (　　)은 사람들이 나쁜 일을 하지 못하게 막고 착하게 사는 사람을 보호해 주는 역할을 한다. 모두가 법을 잘 지킬수록 우리 사회는 더욱 안전하고 행복한 곳이 된다.

1. 괄호 안에 공통으로 들어갈 단어는 무엇인가요?

① 규칙　　② 질서　　③ 법　　④ 도덕

개를 먹는 것을 금지해야 할까요?

2024년 2월, 국회에서 '개의 식용 목적의 사육·도살 및 유통 등 종식에 관한 특별법(이하 개 식용 금지법)'이 통과되었다. 이 법안은 2027년부터 개를 먹을 목적으로 기르거나 죽이고 판매하는 것을 금지한다는 내용을 담고 있다. 우리나라는 오래전부터 이 문제로 늘 논쟁이 있었다. 동물 보호 단체들은 개를 먹는 일은 매우 잔인하고 동물을 학대하는 것이라고 주장한다. 반면 이와 관련된 일을 하는 사람들은 이 법이 우리의 전통 음식 문화가 존중받지 못하는 것이고 자신들의 직업이 사라지면 살기 힘들다고 주장한다. 그러나 2027년부터는 이를 지키지 않으면 벌금이나 징역에 처해질 것이다.

1. 이 기사를 읽고 다음과 같은 반응을 보이는 사람은 누구일까요?

"정말 큰일이야. 나는 직업을 잃게 되었어."

① 개를 키우는 사람　　② 개 식용 관련 일을 하는 사람

도서관을 바르게 이용하는 방법

도서관은 여러 사람이 함께 책을 읽고 공부하는 장소이다. 그래서 조용히 행동하며 다른 사람에게 방해가 되지 않도록 주의해야 한다. 책을 볼 때는 깨끗하게 다루고, 다 읽은 책은 제자리에 정리한다. 책에 낙서하거나 페이지를 접는 행동은 하지 말아야 한다. 도서관에는 책뿐만 아니라 컴퓨터, 잡지, 신문 같은 자료도 있다. 자료를 이용할 때는 정해진 규칙을 지키고, 사용 시간이 지나면 다음 사람을 위해 양보하는 태도가 필요하다. 도서관은 우리 모두가 함께 사용하는 곳이므로 서로를 배려하며 바르게 이용해야 한다.

1. 다음은 이 글의 요약문입니다. 빈칸을 채우세요.

　도서관에서는 (　　) 행동하고 책과 자료를 바르게 사용해야 한다.
　여러 사람이 함께 쓰는 곳이므로 서로를 (　　) 이용해야 한다.

공사장 안내문

[달빛 도로 공사로 인한 우회 안내]

공사 구간: 달빛 도로(진달래 사거리 ~ 개나리 교차로)

통행 제한: 전 차로 통행 제한

우회 도로: 장미 우회 도로 이용(안내 표지판 확인)

공사 기간: 2026년 6월 15일 ~ 2026년 12월 31일

문의: 라온 건설(02-1234-5678)

안전 운행 부탁드립니다.

---

1. 이 글을 읽고 다음과 같이 아빠가 말했어요. 괄호 안에 들어갈 단어는 무엇인가요?

   아빠: 차를 돌려야겠구나. 장미 도로로 (   )하라고 되어 있네?

 **Week 46** 일상생활

상장 수여문

상 장

(   )

이름: 김서준

학년: 2학년

반: 1반

위 학생은 2025학년도 2학기 동안 우리 학교에서 가장 많은 책을 읽고 독서 활동에 적극적으로 참여하여 다른 학생들에게 큰 모범이 되었으므로 이에 상장을 (   ) 합니다.

2025년 7월 20일

행복 초등학교장 이 지 혜

---

1. 이 상장의 제목으로 어울리는 것은 무엇인가요?

① 글쓰기상   ② 독서왕   ③ 활동왕

2. 괄호 안에 어울리는 단어는 무엇인가요?

① 기증   ② 수여   ③ 선물

Week 6 일상생활

파티 초대장

민지야, 우리 집에서 신나는 파자마 파티 하자!
기다리고 있을 테니 꼭 와야 해.

날짜: 2025년 12월 20일 토요일

시간: 오후 6시

장소: 우리 집 (달빛 아파트 1101동 1203호)

준비물: 잠옷, 좋아하는 간식

맛있는 음식도 먹고, 재미있는 게임도 하면서
신나는 시간 보내자!

---

1. 이 초대장을 읽고 민지가 한 말로 어울리는 것은?

　① 와, 엄마 몰래 다녀와야지.

　② 아침 일찍 일어나야 갈 수 있겠네.

　③ 밤새 뭐 하고 놀지? 정말 기대돼!

날씨 예보

[오늘의 날씨]

7월 3일 수요일

오늘은 흐린 가운데 오전 11시부터 천둥을 동반한 소나기가 내릴 예정입니다. 예상 강수량은 20mm 내외이며, 소나기는 오후 2시쯤 그칠 것으로 보입니다. 낮 기온은 28도까지 올라 덥겠습니다. 바람은 시속 6m로 다소 강하게 불겠고, 미세먼지는 '좋음' 수준입니다.

---

1. 다음 중 날씨 예보를 바르게 이해한 것은?

① 오늘은 하루 종일 비가 내릴 예정이다.

② 바람이 거의 불지 않아 더 덥게 느껴질 것이다.

③ 소나기는 오후 2시쯤 그칠 것으로 보인다.

2. 비나 눈처럼 하늘에서 내린 물의 양을 뜻하는 단어를 찾아 보세요.

 Week 7 국어 (시)

하늘을 나는 꿈

하늘을 나는 꿈을 꿨다.
구름 위로 둥둥
세상이 작게 보였다.
날개를 펼쳐 자유롭게 하늘을 난다.
드디어 자유구나.
숙제로부터
학원으로부터
드디어 자유구나.
손을 펼쳐 신나게 날던 내 엉덩이가 찰싹
이제 일어나야지, 학교 늦겠다.
엄마의 쨍그란 목소리

---

1. 이 시 속의 아이가 원하는 것은 무엇인가요?
  ① 숙제와 학원으로부터의 자유   ② 비행사가 되는 것
  ③ 잠을 더 자는 것

2. 여러분은 '무엇'으로부터 자유를 얻고 싶나요?

학교폭력은 어떻게 해결해야 할까요?

최근 학교폭력으로 고통받는 학생들의 이야기가 잇따라 알려지며 많은 사람을 놀라게 했다. 친구에게 괴롭힘을 당하거나 단톡방 등에서 욕하고 따돌리는 등 보이지 않는 곳에서는 여전히 폭력이 진행되고 있다. 학교폭력은 단순한 장난이 아니라 피해를 본 학생에게 씻을 수 없는 상처를 남기는 심각한 문제다. 실제로 폭력을 당한 학생이 우울증이나 불안을 겪는 일이 많다. 교육부와 학교는 학교폭력을 막기 위한 예방 교육을 하고 발생 즉시 신고할 수 있도록 조치하고 있다. 하지만 학생들이 피해 사실을 숨기기도 하고, 신고를 해도 잘 해결되지 않는 경우가 많다. 전문가들은 학생들이 서로 공감하고 배려하도록 교육하는 것이 최우선이라고 말한다.

---

1. 이 글의 제목으로 어울리는 것을 고르세요.

① 학교폭력을 겪은 학생이 많다.

② 학교는 안전한 곳이다.

③ 학교폭력, 여전히 사라지지 않는 어두운 그림자

우리 주변의 강은 어떤 점이 유익할까요?

우리 주변에는 강이 있다. 강은 산에서 흘러나온 물이 모여서 만들어진다. 강은 마실 물을 주기도 하고, 농사를 짓는 데에도 꼭 필요하다. 그래서 옛날부터 사람들은 강 근처에 마을을 만들고 살았다. 강 옆에는 땅이 넓게 펼쳐져 있어 농사를 짓기에 좋다. 또, 강을 따라 도로와 철도가 만들어지면서 교통도 편리해졌다. 강은 여러 가지 동물이나 식물이 살 수 있는 곳이 되고, 우리에게 멋진 풍경을 보여 주기도 한다.

1. 이 글을 읽고 알 수 있는 강에 대한 사실이 아닌 것을 찾아요.

① 강은 산에서 나온 물이 모여 만들어진다.

② 사람들은 위험한 강을 피해 살았다.

③ 강 근처에는 들판이 있어 농사짓기 좋다.

 Week 46 과학 (지구과학)

지진은 왜 일어날까요?

지진은 땅속 깊은 곳에서 암석이 갑자기 부서지면서 땅이 흔들리는 자연 현상이다. 지구 겉 부분의 여러 판이 움직이다가 서로 강하게 부딪힐 때 땅을 흔드는데, 이것이 바로 지진이다. 지진이 시작되는 지점을 진원지, 또는 진원이라고도 한다. 지진은 규모와 진도로 강도를 나타내는데, 규모는 지진이 발생했을 때 나오는 에너지양을 재는 기준이다. 진도는 특정 지역에서 지진으로 인해서 땅이 흔들리는 정도를 나타내는 척도이다.

---

1. 이 글의 내용과 다른 것은?
 ① 지진은 규모로 땅이 흔들리는 정도를 나타낸다.
 ② 지진은 땅속 깊은 곳에서 암석이 갑자기 부서지며 땅이 흔들리는 현상이다.
 ③ 지진이 시작되는 지점을 진원지라고 한다.

Week 7 역사 (한국인물)

계백 장군은 누구인가요?

계백 장군은 백제의 마지막을 지킨 용감한 장군이다. 백제는 신라와 당나라의 연합군에게 공격을 받아 곧 사라질 위기에 놓였다. 이때 계백 장군은 단 5천 명의 군사를 이끌고 훨씬 더 많은 수의 신라 군대와 싸웠다. 그는 싸움에 나가기 전 가족을 죽였다. 백제가 전투에서 패배하면 적에게 가족이 붙잡혀 노예가 되는 것을 미리 염려한 것이다. 그는 전쟁에서 많은 활약을 했지만 결국 황산벌 전투에서 전사했다.

1. 이 글을 통해 추론해 볼 수 있는 사실로 맞는 것은 무엇인가요?

① 당시 전쟁에서 지면 이긴 나라의 노예로 잡히곤 했다.

② 군사가 적으면 무조건 진다.

③ 장군들은 전쟁에 나가기 전 모두 가족을 죽이고 나갔다.

Week 46 역사 (세계인물)

슈바이처는 누구인가요?

알베르트 슈바이처는 의사로, 아프리카에 가서 가난하고 아픈 사람들을 치료했다. 그는 돈을 많이 벌 수 있는 좋은 자리를 포기한 채 일부러 힘든 곳에서 환자들을 돌보며 사랑을 실천했다. 슈바이처는 어릴 때부터 공부뿐만 아니라 피아노와 오르간 연주도 잘했다. 그는 원래 철학과 신학을 공부해 교수와 음악가로 활동하고 있었지만, 아프리카 사람들을 도와야겠다는 생각으로 나이 서른이 넘은 뒤에 다시 의학을 공부하기 시작했다. 의사가 된 슈바이처는 프랑스령 아프리카의 랑바레네라는 마을에 병원을 세우고 그곳에서 수많은 사람들을 정성껏 치료했다. 그는 '모든 생명은 소중하다'라는 생각을 평생 가지고 살았으며, 그 마음은 '생명에 대한 경외'라는 말로 지금까지 전해지고 있다.

---

1. 이 글의 내용으로 보아 슈바이처의 가치관(어떤 것이 중요하다고 믿는 생각이나 마음)은 무엇인가요?

① 돈을 많이 벌고 유명해지는 것이 중요하다.

② 모든 생명을 소중히 여기고, 아픈 사람을 도와야 한다.

③ 공부만 잘하면 무엇이든 할 수 있다.

우리가 일하려면 무엇이 필요할까요?

에너지는 일을 할 수 있는 능력이다. 우리가 자전거를 타거나 달리기를 할 때 우리의 몸은 에너지를 사용한다. 에너지가 없으면 우리는 움직일 수 없다. 또한 전자기기나 자동차도 에너지를 사용해 작동한다. 자동차가 달리려면 연료가 에너지를 발생시키고, 이 에너지를 이용해 자동차가 움직인다. 우리가 먹는 음식도 에너지의 한 형태이다. 음식은 우리가 활동할 수 있는 에너지를 준다. 에너지는 다양한 형태로 존재할 수 있는데, 크게 전기 에너지, 열 에너지, 운동 에너지 등이 있다.

---

1. 일을 할 수 있는 능력을 무엇이라고 하나요?

2. 음식은 우리를 어떻게 도와주나요?

 Week 46 사회 (정치)

뉴스는 왜 봐야 할까요?

뉴스는 우리 주변에서 일어나는 중요한 일을 알려 준다. 정치, 사회, 환경, 경제 등 여러 가지 주제의 최근 소식을 알려 주어 우리는 뉴스를 통해 나라 안팎에서 어떤 일이 일어나는지 알 수 있다. 예를 들어 대통령이 어떤 결정을 했는지, 국회에서 어떤 법이 만들어졌는지, 선거 결과가 어떻게 나왔는지 등을 알 수 있다. 또한 우리 주변에서 벌어지는 크고 작은 사건 사고도 알 수 있다. 뉴스를 보면 나라의 일에 관심을 가질 수 있고, 똑똑한 국민이 될 수 있다.

1. 이 글의 중심 생각으로 알맞은 것은 무엇인가요?

① 뉴스는 옛날 일을 소개하는 이야기다.

② 뉴스는 우리 주변의 일을 몰라도 괜찮게 해 준다.

③ 뉴스는 중요한 소식을 알려 주고, 우리가 나라에 관심을 가지게 해 준다.

④ 뉴스는 재미있는 영화처럼 즐기는 프로그램이다.

최근 대한민국 사회에서는 '7세 고시'라는 단어가 등장하며 매우 심각한 사교육 행태가 드러나고 있다. '7세 고시'란 일부 학원가에서 초등학교 입학 전 아이들 대상으로 대학 입시 수준의 시험을 치르게 하는 것을 말한다. 어려운 영어 지문 독해를 시키기도 하고, 수학적 사고력을 평가하기도 한다. 이는 아이들의 발달 단계에 맞지 않는 과도한 학습이기 때문에 아이들에게 정신적인 스트레스와 나쁜 영향을 줄 수 있다며 비판하는 사람들도 있다. 굳이 필요하지 않은 경쟁마저도 부추기는 꼴이기 때문에 국가가 나서서 적극적으로 해결해야 한다는 의견도 있다.

---

1. 이 글의 제목을 지어 보세요.

2. 이 글을 읽고 나서 할 수 있는 적절한 질문을 모두 찾으세요.

① 우리나라는 사교육 문제가 왜 이렇게 심각하지?

② 이런 문제를 해결할 방법은 없을까?

③ 나도 1등을 하려면 어떻게 해야 할까?

동물도 의사소통을 한다.

사람은 말을 하거나 글을 써서 자기 생각을 다른 사람에게 전한다. 동물도 나름의 방법으로 의사소통을 한다. 예를 들어, 꿀벌은 먹이를 찾으면 다른 꿀벌들에게 춤을 춰서 장소를 알려 준다. 고양이는 기분이 좋을 때 '갸르릉' 소리를 내고, 화가 나면 등을 구부리면서 하악 소리를 낸다. 개는 반가울 때는 꼬리를 흔들고, 무서울 때는 몸을 낮추며 낑낑댄다. 이처럼 동물은 말을 하지 않아도 몸짓이나 소리로 자신의 감정이나 정보를 전달한다.

---

1. 이 글의 중심 문장을 찾아 밑줄을 긋고 읽어 보세요.

2. 어떤 동물을 예시로 들었는지 모두 말해 보세요.

기차역 이용 안내문

일산역에 오신 것을 환영합니다.

- 승차권 확인: 승차 전 반드시 승차권의 날짜, 시간, 좌석 번호를 확인해 주세요.
- 안전선 준수: 열차 승하차 시 안전선을 지켜 주시고, 열차와 승강장 사이에 발이 빠지지 않도록 주의하세요.
- 휴대 수하물: 휴대 수하물은 선반이나 좌석 밑에 보관해 주시고, 분실에 주의하세요.
- 반려동물 동반: 반려동물은 반드시 전용 케이지에 넣어 탑승해야 합니다. 맹견류는 탑승이 제한됩니다.
- 긴급 상황: 긴급 상황 발생 시 비상벨을 누르거나 역무원에게 알려 주세요.

---

1. 다음은 승차권의 뜻입니다. 괄호 안에 들어갈 단어는 무엇인가요?
버스, 기차, 지하철, 배 등과 같은 (　　　　)을 이용할 때 필요한 표

2. 탑승이 제한되는 개는 어떤 종류라고 했나요?

Week 45 일상생활

안약 사용 안내문

환자 이름: 이서진

처방 일자: 2025년 12월 15일

병원/의원: 맑은눈안과

약 사용 방법:

- 하루 3번, 아침·점심·저녁 식사 후

- 각 눈에 1~2방울씩 넣으세요.

- 사용 후 눈을 비비지 마세요.

주의 사항:

- 약을 넣은 후에는 눈을 감고 1~2분 정도 쉬세요.

- 다른 사람과 약을 함께 쓰지 마세요.

- 약병 끝이 눈에 닿지 않도록 조심하세요.

1. 이 글에서 '먹는 것이 아니라 눈에 직접 넣는 약'을 가리키는 단어는 무엇인가요?
2. '점안(點眼)'이라는 단어의 뜻을 짐작해 보세요.

꼬마 로봇 '토리' 사용 설명서

[제품 구성] 토리 본체, 리모컨, 충전 케이블, 설명서

[제품 특징] 이동, 춤, 노래, 음성 인식, LED 눈빛 효과

[사용 방법] 충전: 케이블 연결 후 충전(완충 시간 2시간)

전원: 본체 뒷면 스위치 ON

리모컨: 버튼으로 조종 및 기능 실행

안전: 높은 곳 추락, 물 주의, 보호자 지도 필요

[주의 사항] 이상 발생 시 전원 끄고 문의

분해 및 개조 금지

고온/저온 보관 금지

---

1. 로봇 토리를 사용하는 중 문제가 생기면 어떻게 해야 할지 모두 찾으세요.

① 2시간 충전해 본다.

② 분해하여 살펴본다.

③ 스위치가 켜져 있는지 확인한다.

 Week 45 일상생활

강아지 분실 공고

강아지를 찾습니다! 소중한 가족을 애타게 찾아요!

잃어버린 날짜: 2025년 6월 10일(화) 오전 10시경

잃어버린 장소: 행복공원 앞 놀이터 부근

이름: 별이(수컷)　**나이**: 2살(비숑)

특징: 털은 흰색이고, 눈이 유독 까맣고 예뻐요. 사람을 매우 좋아하고, 낯선 사람에게도 잘 다가가는 순한 성격이에요. 하늘색 목줄을 하고 있고, 이름표는 없어요.

[사례금] 별이를 찾아 주신 분께는 사례금 30만 원을 드립니다.

[연락처] 김민지 (010-1234-5678)

---

1. 별이를 찾은 사람이 김민지 씨에게 전화를 걸었어요. 이때 전화로 가장 먼저 알려 주어야 할 말로 알맞은 것은 무엇인가요?

　① 강아지가 너무 귀엽네요. 품종이 뭔가요?

　② 하늘색 목줄을 한 하얀 강아지를 공원 근처에서 봤어요.

　③ 강아지가 배고파 보여서 간식을 줬어요.

좋은 책

이 책은 ①좋은 책이야.

왜 이리 두껍지?

이 책은 좋은 책이야.

왜 이리 재미없지?

이 책은 좋은 책이야.

도대체 이게 무슨 소리지?

②좋은 책을 찾으려면

어른들이 주는 책만

피하면 된다.

---

1. ①번은 누가 말하는 좋은 책인가요?

2. ②번은 누가 말하는 좋은 책인가요?

[도심 한복판에 싱크홀 사고 잇따라]

최근 시내 곳곳에서 도로가 갑자기 꺼지는 싱크홀 사고가 잇따르고 있다. 서울, 인천, 대구 등 주요 도시 중심가에서 걷는 중인 시민 바로 앞의 도로가 꺼지거나 차량이 빠지는 일이 발생하면서 시민들의 불안이 커지고 있다. 싱크홀은 지하에 빈 공간이 생기며 땅이 아래로 붕괴하는 현상이다. 지하에 있는 낡은 수도관이나 하수관이 터지거나, 공사를 너무 많이 해 흙이 빠져나가면서 도로 아래가 텅 비게 되는 것이 가장 큰 원인이다. 정부와 지방자치단체는 정기적으로 땅을 점검하고 도로 안전을 살펴보고 있지만 아직도 발견하지 못하는 곳이 많다고 한다. 더 큰 위험을 막기 위해 지금부터라도 더 자세히 조사하고 안전 기준을 지켜 공사해야 할 것이다.

1. 이 글에서 '도시의 중심 부분'을 뜻하는 단어를 찾으세요.
2. 앞으로 싱크홀 문제를 해결하기 위해 무엇이 필요하다고 말하고 있나요?

 **Week 8** **사회 (지리)**

바다는 우리에게 어떤 이점이 있을까요?

바다는 우리에게 물고기와 소금 같은 자원을 준다. 사람들은 오래전부터 바닷길을 통해 외국으로 물건을 보내거나 받았다. 이처럼 항구가 있는 도시는 배를 통해 무역을 했으며, 바닷가로 관광객을 맞이하기도 했다. 바다는 넓고 푸르러서 보기만 해도 마음이 시원해지고 즐거움을 줘 사람들이 자주 찾기 때문이다. 이는 지역 경제를 잘 돌아가게 만들기도 한다. 이처럼 바다는 여러모로 우리 생활에 꼭 필요한 자연환경이다.

1. 이 글에서 다음 내용에 해당하는 단어를 찾아 쓰세요.

① 우리 생활에 쓸모 있는 것들:

② 배들이 드나들고 물건을 싣거나 내리는 곳:

③ 나라와 나라끼리 서로 필요한 물건을 사고파는 것:

흙은 어떤 역할을 할까요?

흙은 지구 생태계에서 매우 중요한 역할을 한다. 흙에는 암석이 오랜 시간 자연의 힘으로 인해 부서지고 변하는 과정을 통해 만들어진 작은 알갱이들과 식물, 동물의 죽은 시체가 분해된 것들, 그리고 물과 공기가 포함되어 있다. 흙은 식물이 뿌리내리고 자랄 수 있도록 물과 영양분도 준다. 또한 흙은 다양한 생물이 살 수 있는 곳이며, 물을 깨끗하게 만들고 저장하는 일도 한다. 건강한 흙이 있어야 생태계 균형이 유지된다.

1. 흙에 포함된 것이 아닌 것은?
   ① 식물, 동물이 죽어 분해된 것   ② 물과 공기   ③ 미네랄
2. 이 글을 읽고 보일 수 있는 올바른 반응은 무엇인가요?
   ① 흙은 더러워서 만지면 안 돼.
   ② 흙은 정말 소중하구나!
   ③ 흙이 뭔지 참 궁금해.

 **Week 8** 역사 (한국인물)

김유신은 누구인가요?

김유신 장군은 신라가 삼국을 통일하는 데 핵심적인 역할을 한 신라의 장군이다. 그는 삼국통일 과정에서 여러 전투를 지휘했다. 특히 황산벌 전투에서 백제의 계백 장군과 싸워 승리해 백제 멸망에 큰 공을 세웠고, 이후 고구려 정벌에도 참여하여 신라의 삼국통일에 기여했다. 이처럼 김유신 장군은 뛰어난 군사적 능력을 바탕으로 여러 전투에서 승리를 이끌었다. 그는 화랑도를 이끌며 젊은 인재들을 키워 신라군의 힘을 더 강하게 했다.

1. 이 글을 보아 알 수 있는 삼국이 어느 나라인지 말해 보세요.
2. 신라 시대에 있었던 청소년 단체로, 무예를 익히고 삼국통일에서 중요한 역할을 한 단체 이름을 글에서 찾아 보세요.

Week 45 역사 (세계인물)

마리 퀴리는 누구인가요?

마리 퀴리는 폴란드에서 태어났지만, 여자라는 이유로 공부할 기회를 얻기 어려웠다. 하지만 포기하지 않고 프랑스로 가서 공부를 계속했다. 그녀는 방사능 연구를 발전시켰고, 라듐과 폴로늄이라는 새로운 원소도 찾아냈다. 마리는 같은 과학자였던 남편 피에르 퀴리와 함께 실험하며 중요한 연구를 계속했다. 실험실은 작고 위험했지만, 마리는 수천 번의 실험을 하며 새로운 물질을 찾기 위해 노력했다. 그 결과 여자로서는 처음으로 노벨상을 받았고, 심지어 물리학과 화학 두 분야에서 상을 받은 최초의 사람이 되었다. 그녀는 상을 받았을 때도 겸손하게 행동했고, 자신의 연구가 돈보다는 사람들을 돕는 데 쓰이기를 바랐다.

---

1. 마리 퀴리는 어떤 직업을 가진 사람인가요?

① 의사　　② 과학자　　③ 선생님　　④ 화가

Week 8 과학 (물리) 목

무엇이 물체의 위치를 바꾸게 하나요?

( )은 물체가 위치를 바꾸는 것이다. 예를 들어, 공을 차면 공이 굴러가면서 위치가 바뀌는데, 이때 공은 ( )을 하고 있는 것이다. 우리가 걷거나 뛰는 것도 ( )이다. 우리가 자전거를 타면 자전거도 ( )을 한다. ( )은 우리가 살고 있는 세상의 모든 물체에 일어날 수 있는 현상이다. 물체가 가만히 있으면 ( )을 하지 않지만 움직이면 우리는 그것을 ( )이라고 부른다. ( )은 물체의 속도와 방향도 바꿀 수 있다. 예를 들어, 자동차는 방향을 바꾸며 빠르게 나아가고 축구공도 힘을 주고 차면 빠르게 날아간다.

---

1. 괄호 안에 공통으로 들어가는 단어를 찾으세요.

① 힘   ② 운동   ③ 에너지

공정하다는 말은 무슨 뜻인가요?

나라는 많은 사람으로 이루어져 있으며, 모두가 다른 생각을 갖고 다른 행동을 한다. 따라서 나라를 다스릴 때는 공정하게 해야 한다. 공정하다는 것은 누구에게나 똑같이 기회를 주고 차별하지 않는다는 뜻이다. 예를 들어, 법 앞에서는 부자든 가난한 사람이든 모두 똑같이 판단받아야 한다. 또한 어떤 정책을 정할 때도 소수의 목소리에 귀를 기울여 들어야 한다. 공정한 정치는 사회를 믿을 수 있게 만들고, 사람들 사이에 신뢰를 자라게 한다.

1. 법 앞에서 공정하려면 어떻게 해야 하나요?

무인 가게의 장단점은 무엇이 있을까요?

최근 대한민국에는 인건비를 아끼고 운영하기에도 비교적 편한 무인 가게가 많이 생기고 있다. 무인 편의점, 아이스크림 할인점, 카페, 애견용품점 등 다양한 업종의 무인 가게가 등장해 소비자에게 편리함을 주고 있다. 무인 가게는 주로 24시간 운영하기 때문에 언제든 물건을 구매할 수 있으며, 비대면을 더 좋아하는 젊은이들에게 특히 인기가 많다. 다만 주인이 없어 범죄 문제가 생기기 쉽다. 실제로 몰래 물건을 가져가거나 주인이 없을 때 가게에서 마음대로 구는 등의 문제가 자주 생기고 있다. 이러한 보안 문제를 해결한다면 주인은 더 안심하고 운영할 수 있고 소비자도 이용하기 편할 것이다.

1. 무인 가게를 이용해 본 경험을 말해 보세요.

2. 이 글의 핵심어 3개를 말해 보세요.

우리가 지켜야 할 약속

우리가 함께 생활할 때는 지켜야 할 약속이 있다. 학교에서는 수업 시간에 조용히 하고 친구의 말을 잘 들어야 한다. 길을 건널 때는 신호를 보고 건너고 줄을 설 때는 차례를 지켜야 한다. 도서관에서는 떠들지 않고 다 본 책은 제자리에 꽂아야 한다. 이처럼 우리가 지켜야 할 약속은 생활 곳곳에 있으며, 모두가 잘 지킬 때 우리가 사는 사회는 더 안전하고 즐거워진다.

---

1. 이 글에서 사용한 설명 방법으로 가장 알맞은 것은 무엇인가요?

① 여러 가지 예를 들어 설명하고 있다.

② 두 가지를 비교하여 설명하고 있다.

③ 순서를 따라 설명하고 있다.

④ 지켜야 할 약속들을 나열하여 설명하고 있다.

 **Week 8** 일상생활

우리 동네 맛집 식당 메뉴판

밥류
김치볶음밥: 8,000원
짜장밥: 8,500원
오므라이스: 9,500원

간식류
군만두(5개): 4,000원
떡볶이: 5,000원
김밥(1줄): 3,500원

면류
짜장면: 9,000원
짬뽕: 10,000원
잔치국수: 7,500원

음료
콜라/사이다: 2,000원

※ 모든 메뉴는 어린이 메뉴로 주문 시 양이 적고 가격은 1,000원 더 저렴합니다.

[원산지 표시] 쌀, 김치, 돼지고기, 닭고기: 국내산

---

1. 이 가게에서 가장 비싼 메뉴는 무엇인가요?
2. 어린이 잔치국수의 가격은 얼마인가요?

길거리 표어

핸들을 잡기 전,

당신의 (　　　)을 생각하세요.

---

1. 이 글은 음주운전을 하지 말자고 강조하는 표어입니다. 괄호 안에 들어갈 가장 알맞은 단어는 무엇인가요?

① 과거　② 가족　③ 시간　④ 지갑

2. 이 표어는 어디에 붙어 있어야 할까요?

① 놀이터　② 도서관　③ 도로 근처　④ 학교 운동장

Week 8 일상생활

과학 탐구반 모집 안내문

호기심 가득한 친구들은 과학 탐구반에 모여라! 우리 학교 과학 탐구반에서 신기하고 재미있는 과학 실험을 함께할 친구들을 모집합니다.

매주 화요일: 신기한 화학 실험! 알록달록 무지개 물탑 만들기, 보글보글 화산 폭발 실험
매주 목요일: 재미있는 물리 실험! 튼튼한 다리 만들기, 하늘을 나는 글라이더 만들기
매주 금요일: 신비한 생물 실험! 식물 관찰하기, 곤충 채집하기

모집 대상: 4학년 ~ 6학년 **모집 기간**: 2026년 7월 1일 ~ 7월 12일
신청 방법: 과학실 앞 신청서 작성 후 제출

---

1. 다음 중 과학 탐구반이 활동하는 요일을 모두 고르세요.
  ① 월, 수, 금   ② 화, 목, 금   ③ 월, 화, 목   ④ 수, 목, 금

2. 4학년 민수의 동생이 과학 탐구반을 하고 싶어 했지만 할 수 없었어요. 그 이유는 무엇인가요?

 **Week 44** 일상생활

길거리 표어

멈춰요!

무단횡단,

지켜요!

생명 안전

---

1. 사람들에게 어떤 생각이나 행동을 강조하고 기억하게 하려고 짧고 간결하게 만든 문구를 (　　　　)라고 한다.

① 공익 광고　② 표어　③ 안내문　④ 경고문

2. 위 내용은 누가 보아야 할까요?

① 운전자　　　② 선생님　　　③ 보행자

민영이의 꿈

민영이 필통에서 연필이 쑥 걸어 나온다.
민영이 수학 학습지 위에 혼자 쓱쓱
앗, 틀렸다.
민영이 필통에서 지우개가 펄쩍 뛰어나온다.
내가 지워 줄게, 쓱싹쓱싹
어느새 삼각자도 나와 쓰스스슥
밤새 학습지 위에서 ①<u>춤추며 논 친구들</u>

하아암, 잠에서 깬 민영이
어랏? 천사가 다녀갔나?
다 해 놓은 숙제
가볍게 학교로 향한다.

---

1. ①은 누구를 가리키는 말인가요?

2. 이 시의 제목을 새로 짓는다면 어떤 것이 어울릴까요?
　　① 지난밤　　　② 숙제　　　③ 민영이

어린이 비만이 증가하는 이유는 무엇인가요?

최근 조사에 따르면 한국 어린이들의 비만율이 계속해서 증가하면서 건강에 <u>빨간불이 켜졌다</u>. 특히 초등학생과 중학생 사이에서 비만 비율이 눈에 띄게 높아지고 있다. 의료진은 서양식 식사와 줄어든 신체 활동을 주요 원인으로 보고 있다. 패스트푸드나 단 음식을 자주 먹고, 바깥 활동보다 스마트폰이나 컴퓨터를 사용하는 시간이 많아지는 것도 원인이다. 실제로 일부 학교에서는 체육 시간마저 줄어들고 있으며, 학원 수업 등으로 바쁘다 보니 운동할 시간이 부족한 아이들도 많다. 이로 인해 어릴 때부터 시작된 비만은 성인이 된 이후에도 당뇨병, 고혈압 같은 질병으로 이어질 위험이 크다.

1. 이 글에서 밑줄 친 부분은 어떤 의미인가요?

① 빨간 옷을 입게 되었다.

② 위험하거나 심각한 상황이 시작되었다.

③ 건강을 회복할 수 있다.

2. 이 글의 다음에는 어떤 내용이 어울릴까요?

① 비만 문제를 해결해야 한다.

② 비만은 어쩔 수 없는 변화다.

Week 9   사회 (지리)

지형에 따라 사람들이 사는 모습이 달라질까요?

땅의 모양, 즉 지형이 다르면 마을의 모습도 달라진다. 산이 많은 곳에서는 산자락을 따라 집을 짓고, 길도 좁고 구불구불하다. 산마을에서는 나무를 베거나 약초를 캐는 일을 하며, 산에서 내려오는 물로 밭농사를 짓기도 한다. 평야가 넓은 곳에서는 땅이 판판해서 집을 널찍하게 지을 수 있다. 또한 논과 밭이 많아 농사를 짓는 마을이 많다. 바닷가 마을은 바다 가까이에 항구가 있고, 사람들은 물고기를 잡거나 바닷가에서 장사를 하며 살아간다. 어시장에서는 갓 잡은 생선을 팔기도 한다. (   )

1. 이 글의 마지막 문장으로 어울리는 것을 찾아요.

① 이렇게 지형이 다르면 사람들이 짓는 집, 하는 일 등이 달라진다.

② 지형이 제각각이라 살 곳을 찾기 어렵다.

③ 땅의 모양은 여러 가지인데 이를 지형이라 한다.

Week 44 과학 (지구과학)

지구는 어떻게 이루어져 있을까요?

지구는 겹겹이 쌓인 네 개의 층으로 이루어져 있다. 가장 바깥쪽의 얇은 층은 단단한 암석으로 이루어진 '지각'이며, 우리가 딛고 서 있는 곳이다. 지각 아래에는 뜨겁고 끈적한 암석으로 이루어진 두꺼운 '맨틀'이 있다. 맨틀은 마치 엿처럼 천천히 움직인다. 맨틀 아래에는 '외핵'이 있으며, 외핵의 움직임은 지구의 자기장을 만들어 낸다. 지구의 가장 깊은 곳에는 '내핵'이 있다. 이 네 개의 층은 각각 다른 물질로 이루어져 있으며, 서로 다른 역할을 하며 지구를 구성한다.

---

1. 이 글의 내용으로 보아 아래 이미지의 빈칸에 들어갈 용어는 무엇인가요?

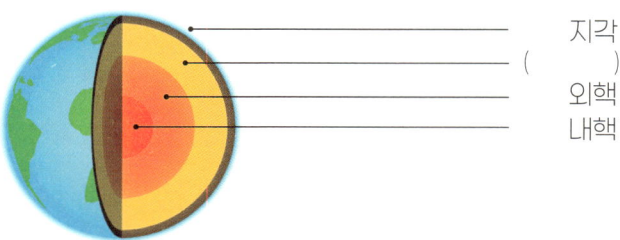

 Week 9 역사 (한국인물)

대조영은 누구인가요?

대조영은 고구려가 멸망한 후 고구려 유민과 말갈족을 이끌고 발해를 세운 사람이다. 당나라의 공격을 피해 동쪽으로 이동하던 대조영은 천문령 전투에서 당나라 군대를 크게 물리치고 지금의 중국 지린성 동모산에 발해를 건국했다. 그 후 고구려의 문화를 이어받고 주변 민족들을 하나로 모아 강한 나라를 건설했다. 대조영은 발해를 동아시아의 해동성국으로 성장시킨 위대한 지도자로 평가받는다. 그는 고구려의 정신을 이어받아 새로운 나라를 세우고, 우리 민족의 역사를 더욱 풍성하게 만들었다.

---

1. 글의 내용으로 보아 대조영이 고구려 문화를 이어받은 이유는 무엇인가요?

　① 고구려의 왕이 명령해서

　② 발해가 고구려를 이어받은 나라라서

　③ 고구려 문화가 전 세계적으로 최고라서

간디는 누구인가요?

마하트마 간디는 인도를 영국으로부터 독립시키기 위해 싸운 사람이다. 그는 싸우거나 폭력을 쓰는 대신 평화로운 방법으로 저항했는데 이것을 '비폭력 운동'이라고 한다. 어렸을 적 간디는 수줍음이 많고 조용한 아이였지만 진실을 소중히 여기는 마음은 아주 강했다. 그는 약한 사람들을 지켜야 하고, 누구나 평등하게 살아야 한다고 믿었다. 인도로 돌아온 뒤에는 소금 행진이나 옷을 직접 만들어 입는 운동 등으로 많은 사람을 하나로 모았고, 그의 노력은 인도 독립에 큰 힘이 되었다. 그는 항상 검소하게 살며 진실과 평화를 아주 소중히 생각했다.

1. 비폭력 운동이란 무엇인지 밑줄을 치고 소리 내어 읽어 보세요.

2. 이 글에서 중요한 단어를 모두 고르세요.

① 비폭력　　② 소금 행진　　③ 인도 독립　　④ 종교

Week 9 과학 (물리)

물체를 끌어당기는 힘은 무엇인가요?

중력은 지구가 물체를 끌어당기는 힘이다. 우리가 물건을 던지면 항상 땅으로 떨어지는데 그 이유는 바로 중력 때문이다. 지구는 모든 물체를 끌어당기기 때문에 물체는 항상 지구를 향해 떨어진다. 중력 덕분에 우리는 땅 위에서 걸을 수 있다. 예를 들어 우리가 점프를 하면 잠깐 동안에는 공중에 떠 있지만 결국 지구의 중력이 우리를 끌어당겨 땅에 내려오게 만든다.

---

1. 다음 중 이 글에서 말하는 중력 현상인 것을 모두 고르세요.

① 우리는 바닥에 누워 잠을 잘 수 있다.

② 높은 건물에서 물건을 떨어뜨리면 빠르게 땅으로 내려온다.

③ 비행기가 하늘을 날 수 있다.

Week 44 · 사회 (정치)

민주주의 사회에서는 어떻게 의견을 나눌까요?

민주주의는 모두가 함께 의견을 내고 다 같이 나라를 이끌어가는 정치 방식이다. 옛날에는 왕이 혼자서 모든 것을 결정했지만, 민주주의는 국민이 중심이 된다. 국민은 선거로 대통령을 뽑고, 법을 만들 사람도 뽑는다. 또한 잘못한 일에 대해서는 국민이 직접 목소리를 낼 수도 있다. 민주주의에서는 한 사람의 생각보다 많은 사람의 생각이 더 중요하다. 그래서 회의, 투표, 토론 같은 방법으로 서로 의견을 나눈다.

---

1. 민주주의에서 사람들이 의견을 나누는 방법으로 알맞은 것을 모두 고르세요.
① 회의
② 투표
③ 토론
④ 묵비권

숏폼을 보는 것이 나쁠까요?

최근 몇 년 사이 틱톡, 유튜브 쇼츠, 인스타그램 릴스 등 짧은 동영상 콘텐츠인 '숏폼'이 큰 인기를 얻고 있다. 하지만 어린 학생들도 숏폼을 많이 보면서 사회적인 문제가 되고 있다. 숏폼에 중독되면 뇌 기능이 떨어지고, 정신적으로도 건강하기 힘들다. 특히 한창 친구와 놀 시기인 초등학생은 숏폼에 중독되었다가는 사회성에 큰 문제를 겪을 수도 있다. 숏폼만 보다 보면 현실 세계에 흥미를 잃고 우울해지기도 쉽다. 집중력 저하 또한 놓칠 수 없는 문제이다.

숏폼 중독 문제를 해결하려면 한 사람 한 사람의 노력도 중요하지만, 가정에서의 교육이 특히 중요하다. 따라서 숏폼을 볼 때는 시간 제한을 두는 등의 규칙을 마련하는 것이 좋다. 학교에서도 관련 교육이 이루어져야 하며, 무엇보다 숏폼을 만드는 사람들이 유익하고 좋은 영상을 만들기 위해 노력해야 할 것이다.

---

1. 이 글에 나타난 숏폼 중독 문제에 빨간색으로 밑줄을 그으세요.
2. 이 글에 나타난 숏폼 중독을 해결하기 위한 방안에 파란색 밑줄을 그으세요.

기차와 비행기

기차와 비행기는 먼 거리를 빠르게 이동할 수 있는 교통수단이다. 기차는 땅 위의 철로를 따라 움직이며, 정해진 역에서 승객을 태우고 내린다. 비행기는 하늘을 날아가며, 기차보다 훨씬 빠르게 목적지에 도착할 수 있다. 기차는 많은 짐을 실을 수 있고, 창밖 풍경을 보며 여행하는 즐거움이 있다. 반면, 비행기는 날씨나 기상 상황에 따라 출발이 늦어질 수도 있다. 이처럼 기차와 비행기는 서로 다른 특징을 가지고 있어 상황에 따라 알맞게 선택하는 것이 좋다.

---

1. 이 글에서 사용한 설명 방법으로 가장 알맞은 것은 무엇인가요?

① 예를 들어 설명하고 있다.
② 순서를 따라 설명하고 있다.
③ 두 가지를 비교하여 설명하고 있다.
④ 원인과 결과를 중심으로 설명하고 있다.

 **Week 9** 일상생활

날씨 재난 문자

[한국 시청]

폭염주의보 발령. 건강 관리에 각별히 유의하시기 바랍니다.

주요 내용: 오늘 낮 최고기온 35℃, 체감온도 37℃ 예상

폭염으로 인한 온열질환 발생 가능성 높음

특히 노약자, 어린이, 만성질환자는 건강 관리에 각별히 유의

행동 요령: 가급적 야외 활동 자제 및 휴식 취하기

갈증을 느끼지 않아도 규칙적으로 물 자주 마시기

통풍이 잘되는 가벼운 옷 착용

정오부터 오후 5시 사이 야외 활동 자제

어지러움, 두통, 메스꺼움 등 온열질환 증상 발생 시 즉시 119에 신고

---

1. 이 재난 문자를 본 어린이의 말 중 어울리는 것은 무엇인가요?

① 엄마, 지금 오전 11시니까 나가지 않는 게 좋겠어요!

② 엄마, 할아버지께 안부 전화드리면 좋을 것 같아요.

③ 엄마, 어제도 낮에 38℃까지 올랐는데 오늘이 더 덥네요.

 Week 43 일상생활

등산객 안내문

안전하고 즐거운 산행을 위해 다음 안내 사항을 꼭 지켜주세요.

[등산객 준수 사항]

○ 지정된 등산로를 이용해 주세요.(길이 아닌 곳으로 다니지 않아요!)

○ 혼자 산에 가지 말고, 꼭 친구나 가족과 함께 가요.

○ 어두워지기 전에는 산에서 내려와야 해요.(오후 6시 이후 등산 자제)

○ 꽃이나 나뭇가지, 열매를 꺾거나 가져가지 않아요.

○ 쓰레기는 모두 되가져가요.(작은 쓰레기도 남기지 않아요!)

○ 산에서는 불을 피우지 않아요.(담배를 피우거나 취사 행위 금지)

---

1. 산 입구에서 이 글을 읽은 지영이네 가족의 대화입니다. 적절하지 않은 내용을 말한 사람은 누구인가요?

① 지영: 와! 너무 신난다. 우리 같이 얼른 산에 올라가요.

② 민호: 엄마, 얼른 올라가서 우리 밥해 먹어요.

③ 아빠: 내려오는 데 2시간이 걸리니 늦어도 4시에는 내려와야겠구나.

④ 엄마: 쓰레기는 도로 갖고 오기 힘드니 음료수는 최소한만 가지고 가요.

 **Week 9 일상생활**

기상청 긴급 재난 문자

[기상청]

○○시 ○○구 규모 4.0 지진 발생. 안전에 주의하세요.

오늘 08시 10분 ○○시 ○○구에서 규모 4.0의 지진 발생, 여진 발생 가능성이 있으니 안전에 각별히 주의하세요.

행동 요령: 흔들림이 느껴지면 탁자 아래 등으로 몸 보호

건물 밖으로 나갈 때는 떨어지는 물건에 주의하며 넓은 공터로 이동

엘리베이터 사용 자제, 계단 이용

---

1. 이 글에서 아래 뜻을 가진 단어를 써요.

큰 지진이 일어난 후에 발생하는 작은 규모의 ㅈ 진

2. 지진 발생 시 건물 밖으로 대피할 때 주의해야 할 점은 무엇인가요?

① 빨리 뛰어나간다. ② 엘리베이터를 이용한다.

③ 떨어지는 물건에 주의한다. ④ 큰 소리로 외친다.

 **Week 43** 일상생활

산책로 현수막

사랑하는 반려견과 함께하는 산책, 이것만 지켜 주세요!
반려견이 배변을 하면 즉시 봉투에 담아 치워 주세요.
배변을 치우지 않으면 과태료가 부과될 수 있습니다. (최대 5만 원)
수거한 배변 봉투는 가까운 생활 쓰레기통이나 반려동물 배변 수거함에 버려 주세요.

---

1. 벌금은 아니지만 어떤 규칙이나 의무를 지키지 않았을 때 나라에서 내게 하는 돈을 무엇이라고 하는지 이 글에서 찾아 보세요.

2. 이 현수막의 내용을 보아야 하는 사람은 누구일까요?
　① 경찰
　② 반려견과 산책 나온 사람
　③ 배변 봉투를 파는 사람

달덩이

어이쿠 달이 떴네 달덩이구나
나만 보면 달덩이라 하는 할머니
웃는 모습 환해서 예쁘다며
잘 먹어서 동그란 얼굴 예쁘다며
내내 쓰담쓰담
하지만 할머니 얼굴은 마른 귤껍질
내 마음은 슬픔에 잠겨든다.

1. '달덩이'가 의미하는 것을 두 가지 찾아 보세요.

　① 환한 얼굴　　② 할머니 얼굴　　③ 동그란 얼굴

2. '마른 귤껍질'은 어떤 얼굴을 의미하는 걸까요?

　① 상큼한 얼굴　　② 생기 없는 얼굴　　③ 아픈 얼굴

식용 곤충이 떠오르는 이유는 무엇인가요?

전 세계의 식량 부족 문제가 현실로 다가오고 있다. 유엔은 2050년까지 세계 인구가 약 95억 명이 될 것이며, 앞으로 새로운 식량이 필요할 것이라고 한다. 이런 가운데 떠오르는 미래 식량으로 식용 곤충이 큰 관심을 받고 있다.

식용 곤충은 단백질이 많아 영양가가 많은 식품이다. 또한 곤충 1kg을 생산하는 데 필요한 물과 사료는 소나 돼지보다 훨씬 적다. 곤충을 키우는 공간도 동물만큼 많이 필요하지 않아 도시에서도 키울 수 있다. 실제로 유럽에서는 귀뚜라미와 밀웜 같은 곤충이 이미 식품 원료로 쓰이고 있다. 우리나라에서도 갈색거저리 애벌레(고소애), 쌍별귀뚜라미, 벼메뚜기 등 10가지의 곤충이 식품 원료로 허가되었다.

1. 이 글을 바탕으로 짐작할 수 있는 것을 모두 고르세요.

　① 앞으로 식용 곤충을 먹는 문화가 점점 더 퍼질 수 있다.

　② 지금까지의 방법대로라면 미래에 식량이 부족할 수 있다.

　③ 식용 곤충을 먹기 시작하면서 생기는 환경 문제를 해결해야 한다.

　④ 앞으로 사람들은 곤충을 식품으로 받아들이는 데 심리적 거부감을 줄여야 할 필요가 있다.

Week 10 · 사회 (지리)

우리나라 사계절의 모습은 어떨까요?

우리나라는 사계절이 뚜렷한 나라이다. 봄에는 날씨가 따뜻해지고 꽃이 핀다. 사람들은 봄나물을 캐고, 농사도 시작한다. 여름에는 햇빛이 강하고 비가 자주 내린다. 날씨가 더워서 얇은 옷을 입고, 선풍기나 에어컨을 켜서 시원하게 지낸다. 바닷가로 놀러 가는 사람도 많다. 가을에는 날씨가 선선해지고, 나뭇잎이 붉게 물든다. 논밭에서는 벼, 고구마, 감 같은 작물을 수확한다. 겨울에는 날씨가 매우 추워지고 눈이 내리기도 한다. 사람들은 두꺼운 옷을 입고 난방을 하며 따뜻하게 지낸다. 또한 김장을 해서 겨우내 먹을 반찬도 준비한다.

1. 이 글에서 '수확한다'와 비슷한 의미로 바꿔 쓸 수 있는 단어는 무엇인가요?

① 시작한다. ② 물든다.
③ 거둔다. ④ 준비한다.

우리가 사는 지구에 대해 알아 보아요.

지구는 태양 주변을 도는 여러 행성 중 하나이다. 지구는 물과 공기가 있어서 생물이 살 수 있는 특별한 행성이다. 지구 표면의 대부분은 물로 덮여 있으며, 우리가 숨 쉬는 공기는 질소와 산소로 이루어져 있다. 이 공기는 해로운 햇빛을 막아 준다. 지구는 딱딱한 땅으로 이루어진 껍데기를 가지고 있는데, 이 껍데기가 움직이면서 지진이나 화산이 일어나기도 한다. 지구는 날씨도 다양해서 따뜻한 곳도 있고 추운 곳도 있다. 이렇게 특별한 지구 덕분에 우리를 포함한 수많은 생물이 함께 살 수 있다.

1. 이 글은 총 몇 문장으로 이루어져 있나요?

2. 이 글을 통해 새로 알게 된 사실에 밑줄을 긋고 소리 내어 읽으세요.

Week 10 역사 (한국인물)

왕건은 누구인가요?

왕건은 918년에 고려를 세우고 후삼국을 통일한 고려의 첫 번째 왕이다. 혼란스러웠던 후삼국 시대에 왕건은 사람들의 마음을 얻자 ( ) 그는 나라 이름을 '고려'라고 지으며 고구려를 이어받겠다는 뜻을 내세웠다. 백성들의 생활을 안정시키기 위해 세금을 줄이고 농사를 장려하여 나라 경제 발전에도 힘썼다. 또한 다음 왕들에게 나라를 다스리는 지침을 전하기 위해 훈요십조를 남기기도 했다.

1. 괄호 안에 들어갈 문장으로 어울리는 내용을 찾아 보세요.

① 정치를 엉망으로 하였다.

② 나라를 안정적으로 다스렸다.

③ 세금을 많이 올렸다.

Week 43 역사 (세계인물)

고흐는 누구인가요?

빈센트 반 고흐는 네덜란드의 화가이다. 그는 살아 있을 때는 사람들이 거의 알아주지 않았지만 죽은 뒤에 세계적으로 더 유명해졌다. 고흐는 〈해바라기〉, 〈별이 빛나는 밤〉 같은 강렬한 색깔과 감정이 담긴 그림으로 유명하다. 생전에 그는 돈이 없고 마음도 많이 아팠지만, 그의 동생 테오가 늘 곁에서 도와주었다. 테오는 화랑 직원으로 일하면서 형이 그림을 계속 그릴 수 있도록 물질적으로도 마음으로도 응원해 주었다. 고흐는 이런 테오에게 자주 편지를 쓰며 자신의 생각과 감정을 털어놓았다. 고흐는 프랑스에서 다른 화가인 폴 고갱과 함께 지낸 적도 있었다. 둘은 함께 그림을 그리고 이야기하며 지냈지만 생각이 달라 자주 다투기도 했다. 고흐의 삶은 힘들었지만, 그의 그림은 지금도 많은 사람에게 큰 감동을 주고 있다.

---

1. 이 글에 나타난 고흐 주변 인물 두 사람 이름에 동그라미 치세요.

2. 이 글은 주로 어떤 내용을 담고 있나요?
  ① 고흐가 그림을 잘 그리는 방법
  ② 고흐의 삶과 그를 도운 사람들의 이야기

빛의 속도는 얼마나 빠를까요?

빛은 우리가 볼 수 있는 가장 빠른 것이다. 빛은 1초에 30만 킬로미터를 갈 수 있다. 빛이 태양에서 지구까지 오려면 약 8분 정도가 걸린다. 우리가 밤에 전등을 켜는 즉시 방이 밝아지는 것도 빛의 속도가 빠르기 때문이다. 빛의 속도는 항상 같으며, 우주에서도 마찬가지이다. 이렇게 빠른 빛 덕분에 우리는 지구에서 우주를 관찰할 수 있다. 밤하늘의 별빛은 그 별이 아주 멀리 있는 곳에서 나온 빛이기 때문에 우리가 보는 별은 이미 과거의 모습일 수 있다.

1. 이 글을 통해 알 수 있는 빛의 특성을 정리한 글이에요. 빈칸에 알맞은 말을 써 보세요.

빛은 우리가 보는 가장 빠른 것으로, 밤에 전등을 켜면 방이 (　　　　) 또한 빛의 속도 덕분이다. 빛은 우주에서도 속도가 같으며, 지구에서 빛을 통해 (　　　　)를 관찰할 수 있다.

국민인 우리가 해야 할 일은 무엇이 있을까요?

우리는 국민으로서 누릴 수 있는 권리와 지켜야 할 책임이 있다. 권리는 우리가 자유롭게 말하고, 공부하고, 안전하게 살 수 있는 것을 말한다. 예를 들어, 학교에서 공부할 수 있는 것도 권리이다. 하지만 권리만 누리고 책임을 지지 않으면 사회가 혼란스러워진다. 책임에는 법을 지키는 것, 세금을 내는 것, 다른 사람을 존중하는 것이 있다. 권리와 책임은 자전거의 두 바퀴처럼 함께 움직여야 한다. 내가 누릴 수 있는 만큼 내가 해야 할 일도 있다는 것을 꼭 기억해야 한다.

1. 이 글을 읽고 다음 뜻에 해당하는 단어를 찾아요.

국민으로서 누릴 수 있는 것:

국민으로서 지켜야 할 것:

슈링크플레이션이 왜 문제가 될까요?

최근 대한민국에서는 '슈링크플레이션'이라는 경제 현상이 소비자들의 불만을 사고 있다. 슈링크플레이션이란 기업이 제품 가격은 그대로 유지하면서 내용물의 양이나 크기를 줄이는 방식으로, 실제로는 결국 가격을 올린 것을 말한다. 과자, 아이스크림, 즉석식품 등 여러 품목에서 이런 현상이 나타나고 있다. 제품을 만든 기업은 원자재 가격이 오르고 인건비가 증가하여 어쩔 수 없다고 이야기하지만, 이런 방식은 결국 소비자를 속이는 것이라며 비판하는 의견이 많다. 나라에서는 슈링크플레이션으로 인한 소비자의 피해를 우선 막아야 한다.

1. 이 글의 가장 중요한 단어는 무엇인가요?
2. '제품을 생산하는 데 사용되는 기본적인 재료'를 뜻하는 말은 무엇인가요?

 **Week 43** 국어 (설명글)

고흐의 그림 풍경

짙은 남색 하늘에 소용돌이치는 별빛이 퍼져 있다. 하늘은 마치 살아 있는 것처럼 꿈틀거리고, 노란 달과 별들은 커다란 불꽃처럼 반짝인다. 그 아래 마을은 조용히 잠들어 있다. 작은 집들이 옹기종기 모여 있고, 검은색 나무 한 그루가 하늘까지 길게 뻗어 있다. 이 풍경은 실제보다 더 강하고 특별하게 그려져 있다. 화가는 밤을 그냥 '어두운 시간'이 아니라 마음이 움직이는 시간으로 표현했다.

---

1. 이 글은 어떤 그림을 설명한 글인가요? 인터넷 검색을 통해 알아 보세요.

① 고흐의 〈해바라기〉
② 고흐의 〈별이 빛나는 밤〉
③ 고흐의 〈감자 먹는 사람들〉
④ 고흐의 〈자화상〉

 **Week 10 일상생활**

미세먼지 재난 문자

[고양 시청]

미세먼지 주의보 발령. 오늘 미세먼지 농도 '매우 나쁨' 예상. 외출 자제, 마스크 착용 등 건강 유의

◦ **행동 요령**

외출 자제: 특히 노약자, 어린이, 호흡기 질환자는 외출 최소화

마스크 착용: KF80 이상 미세먼지 차단 마스크 착용

실내 관리: 창문 닫기, 공기청정기 사용

개인위생: 외출 후 손 씻기, 양치질

대중교통 이용: 자가용 대신 대중교통 이용 권장

---

1. 이 재난 문자를 통해 알 수 있는 사실은 무엇인가요?

　① 모든 시민이 외출을 삼가야 한다.

　② 건강한 사람은 마스크 없이 외출해도 된다.

　③ 노약자나 호흡기 질환자는 건강에 더욱 유의해야 한다.

　④ 미세먼지 농도가 나쁨 수준일 때는 안심해도 된다.

Week 42 일상생활

소화기 사용법

[소화기 사용 순서]

1. 안전핀을 뽑아요.(손잡이 사이에 있는 노란색 핀을 뽑아요.)

2. 노즐(호스)을 잡고 불 쪽으로 향해요.(호스가 불이 난 곳을 향하게 해요.)

3. 손잡이를 힘껏 움켜쥐어요.(손잡이를 꽉 눌러 소화액을 뿌려요.)

4. 불이 꺼질 때까지 빗자루 쓸 듯 골고루 뿌려요.(한곳에만 뿌리지 말고, 불 전체를 덮도록 뿌려요.)

주의하세요!

∘ 소화기는 한 번 사용하면 다시 채워야 해요.

∘ 연기가 많이 날 때는 고개를 숙이고 조심해야 해요.

∘ 큰 불이 번졌을 때는 빨리 119에 신고하고 대피하세요.

---

1. 다음 중 소화기를 사용할 때 주의해야 할 상황으로 가장 적절한 것은 무엇인가요?

① 소화기를 다 쓴 뒤에는 다시 안전핀을 꽂아 보관한다.

② 불이 크게 번졌을 때는 소화기로 꺼질 때까지 계속 뿌린다.

③ 연기가 심할 땐 몸을 낮추고 조심히 행동해야 한다.

Week 10 일상생활

문화재 보호 안내문

[소중한 문화유산을 함께 지켜 주세요]

이곳은 우리 민족의 역사와 문화가 살아 숨 쉬는 소중한 문화재 보호 시설입니다. 후손에게 온전히 물려줄 수 있도록 방문객 여러분의 적극적인 협조를 부탁드립니다.

1. 문화재 보호를 위한 관람 수칙

문화재는 눈으로만 감상해 주세요. 만지거나 훼손하는 행위는 엄격히 금지됩니다. 시설 내에서는 음식물 반입 및 섭취를 삼가해 주세요. 반려동물은 출입이 제한됩니다.

2. 문화재 보호를 위한 협조 사항

문화재 주변에 쓰레기를 버리지 마세요. 문화재 주변에서 흡연을 삼가 주세요. 낙서나 그림을 그리는 행위는 엄격히 금지됩니다.

---

1. 문화재 보호 시설에서 흡연이 금지된 이유는 무엇인가요?

　① 흡연으로 인해 화재가 발생할 수 있기 때문에.

　② 다른 관람객들에게 불편을 줄 수 있기 때문에.

　③ 모두 해당한다.

Week 42 일상생활

무인 과자 가게 이용 안내문

맛있는 과자가 가득한 ○○○ 무인 과자 가게입니다. 저희 가게는 여러분의 양심을 믿고 운영합니다. 깨끗하고 즐겁게 이용해 주세요!

[이용 방법]

1. 먹고 싶은 과자를 골라요. (과자 봉지를 뜯기 전에!)
2. 계산대 앞 화면에서 과자 종류를 누르고 수량을 선택해요. (가격이 화면에 보여요.)
3. 총 금액을 확인하고 돈을 넣어요. (카드 결제는 카드 리더기에 꽂아요.)
4. 혹시 거스름돈이 필요하면 '잔돈 받기' 버튼을 눌러주세요.
5. 봉투에 과자를 담아 집으로! (봉투는 계산대 옆에 있어요.)

궁금한 점이 있다면 전화로 문의해 주세요. (010-1234-5678)

---

1. 안내문에 쓰인 '양심'이라는 말은 무엇을 뜻할까요?

① 내가 원하는 것을 마음껏 할 수 있는 자유
② 다른 사람의 도움이 필요한 상황
③ 스스로 옳고 그름을 판단하고 바르게 행동하려는 마음
④ 다른 사람과 똑같이 행동해야 하는 규칙

 Week 11 국어 (시)

운동회

오전부터 하늘에서는 해가 쨍쨍
운동장 한편에서 선생님들이 회의를 한다.
드디어 운동회 시작
가장자리로 이어달리기 시작!
운동장 구석에 앉은 엄마 아빠는
이겨라, 이겨라, 소리를 지른다.
지나가던 새들이 긴소리로 울며
우리의 운동회를 응원한다.

---

1. 이 시는 어떤 방식으로 전개되고 있나요?

　　① 시간의 흐름　② 화자의 마음 변화　③ 화자의 시선 변화

2. 이 시의 주제는 무엇인가요?

　　① 바쁜 하루　② 흥겨운 운동회

나무로 인공위성을 만들 수 있을까요?

(   ) 이 위성의 이름은 '리그노샛(LignoSat)'으로, 일본 교토대학교와 나무 회사인 스미토모 임업이 함께 개발한 것이다. 2024년 11월 5일, 이 위성은 스페이스X의 무인 화물선인 카고 드래곤에 실려 국제우주정거장(ISS)으로 발사되었고, 발사 12시간 만에 무사히 도착했다. 리그노샛은 일본산 목련나무를 사용해 못이나 접착제를 전혀 사용하지 않은 전통적인 일본식 조립 방식으로 만들어졌다. 이 실험의 목적은 우주 환경에서 나무가 위성 재료로 적합한지를 알아 보는 것이다. 현재 대부분의 인공위성은 금속으로 만들어지는데, 이런 위성은 수명을 다한 뒤 지구 대기권에 들어오면서 많은 양의 금속 산화물을 남긴다. 일부 과학자들은 이것이 지구 대기의 열 균형을 무너뜨리거나 오존층에 악영향을 줄 수 있다고 걱정한다.

---

1. 이 글의 첫 문장으로 어울리는 것을 찾으세요.

① 인류가 인공위성 발사에 성공했다.

② 인공위성이 우주에서 떠돌고 있다.

③ 세계 최초로 나무로 만든 인공위성이 우주에 도착했다.

지도를 보고 내 위치를 파악해요.

사람들은 지도를 보며 장소를 찾고 길을 계획한다. 지도를 보면 동쪽, 서쪽, 남쪽, 북쪽처럼 방향이 정해져 있다. 이를 방위라고 한다. 보통 지도에서는 위가 북쪽, 아래가 남쪽, 오른쪽이 동쪽, 왼쪽이 서쪽이다. 방위를 알면 내 위치를 파악하고 어디로 가야 할지도 알 수 있다. 예를 들어 학교에서 북쪽으로 가면 도서관이 있고 남쪽으로 가면 놀이터가 있는 것을 알 수 있다. 이처럼 지도와 방위는 우리가 길을 찾을 때 꼭 필요하다.

1. 이 글의 제목으로 어울리는 것은 무엇인가요?

① 지도　　　② 방위　　　③ 지도와 방위

2. '방위'의 뜻이 나타난 부분에 밑줄을 그어요.

우리 몸의 장기는 무슨 역할을 하나요?

우리 몸에는 여러 가지 중요한 장기들이 있다. 뇌는 몸의 모든 활동을 조정하는 역할을 한다. 심장은 혈액을 온몸에 공급하는 중요한 기능을 한다. 폐는 공기 중의 산소를 받아들이고, 이산화탄소를 배출하는 일을 한다. 위는 음식을 소화하고, 장은 영양분을 흡수한다. 간은 몸속의 독소를 해독하는 기능을 하며, 신장은 체내 불필요한 물질을 배출하는 역할을 한다. 이처럼 각 장기는 서로 협력하여 우리 몸이 건강하게 기능할 수 있도록 돕는다.

1. 이 글에 나온 용어 중 아래 뜻에 해당하는 것은 무엇인가요?
뇌, 폐와 같이 우리 몸에서 특정한 기능을 담당하는 중요한 기관들

2. 이 글에 나온 장기 이름에 동그라미 치고 총 몇 개인지 말해 보아요.

강감찬은 누구인가요?

강감찬은 고려 시대에 거란의 침입으로부터 고려를 지켜낸 장군이다. 1018년, 거란의 10만 대군이 고려를 쳐들어오자 강감찬 장군은 고려군을 이끌고 귀주에서 거란군을 크게 물리쳤다. 그는 나이가 많았음에도 직접 갑옷을 입고 나가 싸웠다. 이 전투는 귀주대첩으로, 고려 역사상 가장 큰 승리이다. 이 승리로 고려는 거란과의 오랜 전쟁을 끝낼 수 있었다. 강감찬 장군의 활약 덕분에 고려는 나라의 국방을 더 튼튼히 할 수 있었다.

---

1. 글의 내용을 보아 '대첩'의 뜻으로 가장 가까운 것은 무엇인가요?
  ① 우리가 패배한 싸움
  ② 우리가 이긴 싸움
  ③ 우리가 크게 이긴 싸움

2. 강감찬이 해낸 일을 찾아 밑줄을 그어요.

Week 42 역사 (세계인물)

에디슨은 누구인가요?

토머스 에디슨은 미국의 발명가로, 실용적인 전구를 완성한 사람으로 알려져 있다. 그는 어릴 때부터 궁금한 것이 많아 실험을 자주 했다. 그래서 전구 말고도 소리를 녹음하는 기계(축음기)나 영화 찍는 기계(영화 촬영기) 등 아주 많은 것을 만들었다. 에디슨은 무려 1,000개가 넘는 발명 특허를 가지고 있다. 에디슨은 전구 하나를 만들기 위해 수천 번의 실험을 했지만, 자신은 실패한 것이 아니라 잘 안 되는 방법을 1,000가지 알아낸 것이라고 말했다. 그는 '실패는 성공으로 가는 한 걸음'이라는 멋진 말도 남겼다.

---

1. '나는 실패한 것이 아닌 안 되는 방법을 알아낸 것'이라는 말을 통해 그의 어떤 모습을 알 수 있나요?

　① 실패를 두려워하지 않는다.

　② 실패를 일부러 한다.

Week 11 과학 (지구과학)

태양과 달은 어떻게 움직일까요?

하루 동안 태양과 달의 위치는 계속해서 변한다. 태양은 동쪽에서 떠서 서쪽으로 지는데, 이는 지구가 스스로 도는 자전을 하면서 태양의 위치가 바뀌기 때문이다. 달도 마찬가지로 동쪽에서 떠서 서쪽으로 지지만, 태양보다 느리게 움직인다. 달은 하루에 약 12도 정도 움직이기 때문에 매일 태양보다 50분 정도 늦게 뜨고 진다. 이 변화는 지구와 달, 태양의 운동에 따라 자연스럽게 일어나는 현상이다.

1. '자전'의 뜻을 글에서 찾아 말해 보세요.
2. 태양이 동쪽에서 떠서 서쪽으로 지는 이유를 말해 보세요.

시장과 도지사의 역할은 무엇인가요?

시장은 시(市)를, 도지사는 도(道)를 이끄는 사람이다. 시장은 서울시, 부산시처럼 큰 도시를, 도지사는 경기도, 전라도처럼 도(道) 지역을 맡는다. 이들은 해당 지역의 문제를 해결하고 사람들의 생활을 편리하게 만드는 일을 한다. 예를 들면 도로를 고치거나, 학교를 새로 짓거나, 축제를 여는 일을 한다. 시장과 도지사도 선거로 뽑기 때문에 국민은 자신이 사는 지역을 잘 돌봐 줄 사람을 투표로 직접 선택할 수 있다.

1. 시장과 도지사는 어떤 일을 하나요?

① 대통령을 도와 나라를 운영한다.

② 경찰처럼 범인을 잡는다.

③ 지역 문제를 해결하고 생활을 편리하게 만든다.

④ 학교에서 아이들을 가르친다.

관세는 왜 중요한가요?

관세는 외국에서 들어오는 물건에 매기는 세금이다. 관세는 우리나라 물건을 보호하고, 나라에 필요한 돈을 모으는 역할을 한다. 만약 외국에서 아주 싼 과자가 많이 들어오면 우리나라 과자 공장들은 문을 닫아야 할지도 모른다. 그래서 적당한 통행료를 받아서 우리나라 과자도 잘 팔리게 도와주는 것이다. 또한 관세는 나라의 중요한 수입이 된다. 이 돈으로 학교도 짓고 도로도 고치고 여러 가지 좋은 일들을 할 수 있다. 때로는 나쁜 물건들이 우리나라에 무자비하게 들어오는 것을 막기 위해 높은 관세를 매기기도 한다. 몸에 해로운 장난감이나 위험한 물건들은 통행료를 아주 많이 받아서 못 들어오게 하는 것이다.

---

1. 다음 중 이 글에서 말하는 관세의 역할이 아닌 것은 무엇인가요?

① 우리나라 물건을 보호한다.

② 나라에 필요한 돈을 모으는 역할을 한다.

③ 나라의 중요한 수입이 된다.

④ 나쁜 물건이 들어오게 한다.

Week 42 — 국어 (설명글)

학교 점심시간 풍경

점심시간을 알리는 종이 울리자, 교실은 금세 시끌시끌해졌다.
도시락을 까는 아이, 급식 줄을 향해 달려가는 아이, 책상 위에 머리를 올리고 조용히 쉬는 아이까지 모두 다른 모습이다.
창문에서는 햇살이 쏟아지고, 뒤쪽 칠판 근처에서는 아이들이 모여 가위바위보를 하고 있다.
누군가는 반찬을 나눠 주며 "한입 먹어 볼래?" 하고 묻고, 어떤 아이는 작은 라디오에서 흘러나오는 음악 소리에 맞춰 어깨를 흔든다.

---

1. 글쓴이는 점심시간 교실을 어떤 방식으로 설명하고 있나요?

① 여러 아이들의 행동과 분위기를 그림처럼 보여 주며 묘사하고 있다.
② 교실에서 배운 내용을 순서대로 설명하고 있다.
③ 급식 종류를 자세히 설명하고 있다.
④ 점심시간에 일어난 문제 상황을 해결하고 있다.

책 뒤표지

우리 동네 슈퍼 히어로, 강민이!

강민이는 어느 날 학교 앞 놀이터에서 길 잃은 강아지를 발견해요. 강아지를 주인에게 찾아 주기 위해 강민이는 동네 곳곳을 누비기 시작하죠. 낯선 골목길, 수상한 아저씨, 그리고 예상치 못한 어려움들! 과연 강민이는 무사히 강아지를 주인에게 찾아 줄 수 있을까요?

추천 독자: 9세 이상
가격: 14,000원

1. 이 내용을 읽고 생각해 볼 수 있는 점으로 적당한 것을 모두 골라요.

① 강민이가 강아지를 찾을 수 있는지 궁금하다

② 내가 10살이니까 나도 읽을 수 있겠네.

③ 비싸서 읽지 말아야겠다.

 Week 41 일상생활

회사 홍보문

㈜미래기술, 더 나은 내일을 만듭니다!

우리는 지구를 생각하는 기술을 만듭니다. 환경을 오염시키지 않는 로봇 청소기와 에너지를 아껴 쓰는 인공지능 스피커처럼, 깨끗한 지구를 위해 노력합니다.

어려운 이웃에게도 따뜻한 마음을 전합니다. 매년 아이들에게 학습 기기를 선물하고, 소외된 지역에 기술 교육을 지원하여 모두가 꿈을 키울 수 있도록 돕습니다.

우리는 밝고 건강한 미래를 꿈꿉니다.

---

1. 이 광고는 어떤 광고일까요?

① 상품 광고 ② 공익 광고 ③ 기업 광고 ④ 정치 광고

2. 이 광고를 통해 ㈜미래기술이 소비자들에게 가장 중요하게 알리고 싶은 내용은 무엇인가요?

① 우리 회사가 가장 비싼 제품을 만든다는 것

② 우리 회사가 친환경 기술과 사회 공헌 활동에 힘쓰고 있다는 것

③ 우리 회사가 최고의 기술력을 가지고 있다는 것

책 판권지

제목: 엄마 없는 날   글: 김정민   그림: 강영지

발행인: 김민후   발행처: 라온 출판사

주소: 서울시 강남구 테헤란로 30길 1223

전화: 02-123-4567   팩스: 02-987-6543

이메일: fewewdddd@ndja.com   웹사이트: www.roandream.com

초판 발행: 2025년 10월 1일

ISBN: 978-89-1234-567-8   가격: 15,000원

이 책은 저작권법에 의해 보호받는 저작물이므로 무단 전재와 복제를 금합니다. 이 책의 내용에 대한 문의는 꿈나무 출판사 편집부로 연락 주시기 바랍니다.

---

1. 이 내용은 책의 어느 부분에서 볼 수 있나요?

① 책 앞표지 ② 책의 처음 시작 부분이나 끝부븐 ③ 책의 뒤표지

2. 이 글에서 아래 뜻을 가진 단어를 찾아 보세요

저작권자의 허락 없이 저작물을 다른 곳에 복제하여 옮기는 행위

 Week 41 일상생활

교통질서 캠페인

안전하게 길 건너기 3가지 약속!

우리 친구들, 횡단보도를 건널 때는 이것만 꼭 기억해요.

멈추고 살피기! 초록불이 켜져도 무조건 뛰지 않아요. 횡단보도 앞에서 멈춰 서서 왼쪽-오른쪽-왼쪽을 다시 한번 살펴봐요. 자동차가 멈췄는지 꼭 확인하세요.

손을 들고 건너기! 운전자에게 내가 길을 건너고 있다는 것을 알려줘요. 밝은색 옷을 입으면 운전자 눈에 더 잘 띄어요.

뛰지 말고 건너기! 친구와 장난치거나 뛰지 않고, 차분하게 걸어가요. 스마트폰을 보면서 걷지 않아요. 우리 모두 약속을 지켜 안전하게 등하교해요.

---

1. 이 공익 광고는 어떤 무엇에 대한 안전 수칙을 알려 주고 있나요?

2. 이 공익 광고가 우리에게 가장 중요하게 알려 주고 싶은 것은 무엇인가요?

   ① 횡단보도 앞에는 항상 자동차가 많다는 것

   ② 밝은색 옷을 입는 것이 멋있다는 것

   ③ 교통안전 규칙을 지키면 위험한 사고를 막을 수 있다는 것

엄마 발자국

엄마 뒤를 따라

조그만 내 발자국이 생긴다

엄마는 바빠서

쌩쌩쌩 걷고

나는 헐레벌떡

종종종 쫓아간다

바람처럼 걷는 엄마

구름처럼 따라가는 나

우리 발자국은

같은 길을 걷는다

---

1. 시에서 엄마와 나의 걷는 모습은 어떻게 다르게 표현되었나요?

　① 엄마는 느리고, 나는 빠르다.

　② 엄마는 뛰고, 나는 자전거를 탄다.

　③ 엄마는 바람처럼 걷고, 나는 구름처럼 따라간다.

　④ 엄마는 멈추고, 나는 뒤에서 밀어 준다.

각 지역별 특산물을 소비하는 트렌드는 어떤 면에서 좋을까요?

요즘 많은 업체들이 특정 지역의 특별한 먹거리를 상품으로 만들기 위해 전국을 돌아다니고 있다. 지역 농민들과 의견과 뜻을 모아 ( )을 활용한 제품을 만들고 있는 것이다. 예전에는 지역 특산물이 촌스럽다고 느껴지기도 했지만, 요즘은 오히려 힙하고 세련된 이미지로 받아들여지고 있다. 이런 소비를 가리켜 로코노미(Loconomy)라고 부른다. 이는 지역(Local)과 경제(Economy)를 합친 말로, 각 지역에서 나는 재료로 만든 제품을 소비하는 것을 뜻한다. 로코노미 상품을 통해 농민들은 돈을 벌 수 있고, 기업은 농민들과 함께하는 좋은 기업이라는 이미지를 만들 수 있어 서로에게 좋은 일이다.

1. '로코노미'란 어떤 뜻인가요?
2. 괄호 안에 들어갈 낱말은 '어떤 지역에서 특별히 많이 나거나 유명한 물건'을 뜻하는 말이에요. 무엇인가요?

우리나라의 여러 고장은 어떤 모습일까요?

우리나라는 여러 고장으로 나뉘어 있다. 고장은 우리가 사는 지역을 뜻하며, 각각 다른 자연환경과 생활 모습을 가지고 있다. 예를 들어, 제주도는 바람이 많이 불고 화산이 있는 섬 지역이다. 강원도는 산이 많고 겨울에 눈이 자주 온다. 전라도는 땅이 넓고 비옥해서 논농사가 발달하였다. 경상도는 바닷가가 많아 물고기를 잡는 일이 활발하다. 이렇게 고장마다 특징이 다르기 때문에 그 지역에서 하는 일, 먹는 음식, 집의 생김새도 다르게 나타난다.

1. 이 글의 내용으로 보아 경상도에서 발달했을 가능성이 높은 산업은 무엇인가요?
   ① 스키장 운영
   ② 감귤 농사
   ③ 배 만드는 일
   ④ 쌀 가공업

우리 몸의 뼈를 알아 보아요.

우리 몸에는 약 206개의 뼈가 있다. 뼈는 우리 몸을 지탱하는 역할을 하며, 근육과 함께 움직임을 돕는다. 뼈는 단단하지만 내부는 스폰지처럼 구멍이 많고, 그 안에 뼈를 만드는 세포들이 있다. 이 세포들은 뼈가 잘 자라도록 도와준다. 또한 뼈는 칼슘과 같은 중요한 영양분을 저장한다. 뼈는 우리의 (   )를 보호하는 역할도 한다. 두개골은 뇌를 보호하고, 갈비뼈는 심장과 폐를 지킨다. 뼈는 우리 몸이 건강하게 기능하는 데 매우 중요하다.

---

1. 이 글의 내용으로 보아 괄호 안에 알맞은 단어는?

① 팔   ② 마음   ③ 장기

2. 이 글을 읽고 적당한 반응을 한 친구는?

① 뼈가 다치면 장기도 다칠 수 있겠구나!

② 뼈가 너무 많아 세기가 힘들다.

③ 뼈를 위해 칼슘을 섭취해야겠다!

 **Week 12** 역사 (한국인물)

문익점은 누구인가요?

문익점은 고려 시대에 목화 씨앗을 우리나라에 처음 가져온 사람이다. 고려 시대 사람들은 대부분 삼베나 모시로 옷을 만들어 입었는데, 이 옷들은 겨울에는 너무 추웠다. 그때 문익점은 원나라에 갔다가 따뜻한 옷을 만드는 데 쓰이는 목화라는 식물을 알게 되어 목화 씨앗을 우리나라로 가져왔다. 우리나라에서 목화를 키우는 것은 쉽지 않았지만 문익점은 오랜 노력 끝에 목화를 키우는 데 성공했고, 목화에서 실을 뽑아 옷감을 짜는 방법도 알아냈다. 이렇게 만든 목화 옷은 가볍고 따뜻해서 많은 사람이 좋아했다.

1. 이 글에서 전체적인 내용이 잘 담긴 한 문장은 무엇인가요?
2. 문익점이 목화 씨앗을 가져온 이유는 무엇인가요?

Week 41 역사 (세계인물)

노벨은 누구인가요?

알프레드 노벨은 스웨덴의 발명가이자 사업가이다. 그는 다이너마이트라는 폭약을 만들어서 건물을 짓거나 땅을 파는 일에 큰 도움을 주었다. 그래서 많은 사람들이 위험한 일을 좀 더 쉽게 할 수 있게 되었다. 덕분에 그는 큰돈을 벌고 유명해졌지만, 자신이 발명한 다이너마이트가 전쟁에 쓰이는 것을 보고 마음 아파했다. 그래서 그는 자신이 모은 돈을 세상에 좋은 일을 한 사람들에게 상으로 주기로 했다. 이렇게 만들어진 것이 바로 '노벨상'이다. 지금도 해마다 평화를 위해 일하거나, 글을 잘 쓰거나, 훌륭한 일을 한 과학자들에게 이 상이 주어진다.

1. 노벨이 자신이 모은 돈으로 '노벨상'을 만들기로 한 이유를 완성된 문장으로 말해 보세요.

 **Week 12** 과학 (지구과학)

낮과 밤은 왜 생기는 걸까요?

낮과 밤이 생기는 이유는 지구의 자전 때문이다. 지구는 자전하면서 한쪽은 태양을 향하고 다른 한쪽은 태양을 받지 않게 된다. 태양을 향한 쪽은 빛을 받아 낮이 되고, 태양을 받지 않는 쪽은 어두워져 밤이 된다. 지구가 자전할 때마다 태양을 향하는 면과 그렇지 않은 면이 번갈아 가며 바뀌기 때문에 우리는 하루 동안 낮과 밤을 경험하게 된다. 낮은 태양의 빛을 받는 시간이므로 밝고, 밤은 태양의 빛이 닿지 않아서 어둡다. 이러한 현상은 지구의 자전 때문에 매일 계속 반복된다.

1. 이 글의 제목으로 어울리는 것을 찾으세요.

① 지구가 자전하는 이유

② 태양의 밝은 면과 어두운 면

③ 낮과 밤이 생기는 까닭

선거는 왜 할까요?

선거는 국민이 나라를 이끌 사람을 뽑는 중요한 행사이다. 대통령, 국회의원, 시장, 도지사 등은 모두 선거를 통해 정해진다. 사람들은 정해진 선거일에 투표소에 가서 직접 투표를 한다. 누가 뽑힐지는 투표한 사람 수를 전부 세어서 결정한다. 선거를 하면 국민이 직접 의견을 낼 수 있고, 좋은 사람을 뽑아 나라를 바르게 이끌어 가도록 할 수 있다. 그래서 선거는 국민의 힘을 보여 주는 날이라고 할 수 있다.

1. 이 글을 읽고 알 수 있는 내용으로 알맞은 것은 무엇인가요?

① 선거는 투표가 끝나면 대통령이 직접 투표함을 연다.

② 선거를 하지 않아도 어차피 나라의 지도자는 정해진다.

③ 국민은 투표를 통해 나라를 바꿀 수 있다.

④ 선거는 오직 대통령만 뽑는 날이다.

미키마우스 캐릭터를 마음대로 사용할 수 있나요?

세계에서 가장 유명한 캐릭터 중 하나인 미키마우스의 첫 버전에 대한 저작권이 2024년 1월 1일 자로 만료됐다. 이에 따라 1928년 애니메이션 '증기선 윌리(Steamboat Willie)'에 등장한 흑백 미키마우스는 미국 저작권법에 따라 모두가 사용할 수 있는 것으로 바뀌었다. 이는 95년 동안 이어져 온 미키마우스 저작권이 끝난 창작 작품이 모두에게 사용될 수 있는 첫 사례로 기록된다. 그러나 모든 미키마우스의 저작권이 풀린 것은 아니다. 그 이후 등장한 컬러 버전, 현대적 디자인의 미키마우스는 아직 저작권이 있어 함부로 사용하면 안 된다. 미키마우스 캐릭터 자체도 상표권으로 보호되고 있다.

---

1. 이 글에서 다음 뜻을 가진 단어는 무엇인가요?

누군가가 만든 작품을 다른 사람이 함부로 쓰지 못하게 지켜 주는 권리

2. 다음 중 글의 중심 내용으로 가장 알맞은 것은?

① 디즈니는 모든 캐릭터의 저작권을 잃었다.

② 일부 미키마우스만 저작권이 풀렸다.

③ 미키마우스는 더 이상 인기가 없다.

Week 41 국어 (설명글)

아침 등굣길 풍경

아침이면 우리 동네 골목길이 점점 시끄러워진다. 자전거를 타고 빠르게 지나가는 아이, 한 손에 빵을 들고 뛰어가는 아이, 엄마 손을 꼭 붙잡고 꾸벅꾸벅 졸며 걷는 아이까지, 모두 등굣길을 향해 움직인다. 문구점 앞에는 준비물을 사려는 사람들의 줄이 늘어서 있고, 학교 앞 떡꼬치 가게에선 고소한 냄새가 퍼진다. 누군가 "지각이다!" 하고 외치면 다들 한 번씩 고개를 돌리고 다시 바삐 발걸음을 옮긴다.

---

1. 이 글에서 느껴지는 아침 등굣길의 분위기를 가장 잘 나타내는 말은 무엇인가요?

① 조용하고 느긋하다.
② 바쁘고 활기차다.
③ 어둡고 쓸쓸하다.
④ 무섭고 위험하다.

우리 반 모둠 단톡방

수현: 우리 내일 과학 실험 준비물로 뭐를 챙겨야 하지?

도윤: 실험 관찰 책이랑 색연필, 자 가져와야 해.

하은: 나는 실험복 깜빡했는데, 어떡하지?

준호: 하은아, 나 여분 실험복 하나 있는데 빌려줄게.

하은: 진짜? 고마워!

수현: 우리 내일 10시까지 과학실 앞에서 만나자!

모둠 친구들: 응, 알겠어!

---

1. 다음 중 대화의 내용과 일치하지 않는 것은 무엇인가요?

① 수현이는 내일 과학 실험 준비물을 확인했다.

② 도윤이는 실험 관찰 책을 가져와야 한다고 말했다.

③ 하은이는 실험복을 빌리지 못했다.

④ 준호는 하은이에게 여분의 실험복을 빌려주었다.

 **Week 40** 일상생활

우체국 택배 운송장

보내는 사람: 꿈꾸는 문구점(서울시 종로구 꿈나라로 123)
받는 사람: 김서준(경기도 고양시 갈림구 서하로 58, 행복아파트 101동 104호)
연락처: 010-1234-5678(김서준)
상품명: 어린이 동화책 세트(3권)
운송장 번호: 1234-5678-9012
배송 요청 사항: 문 앞 / 경비실 / 파손 주의 / 수취인 직접 전달
배송 예정일: 2025년 6월 11일 (수)

---

1. 위 택배 상자에 적힌 문구 중 아래 뜻에 해당하는 것을 말해요.

택배 상자에 붙어 있는 보내는 사람, 받는 사람, 물건 정보 등이 적힌 중요한 종이:

주문한 물건을 보내는 곳에서 받는 곳까지 옮겨 주는 모든 과정:

물건이 깨지거나 부서져서 망가지는 것:

택배나 물건을 최종적으로 받는 사람:

 **Week 12** 일상생활

영어 학원 전단지

우리 아이 영어 실력, 날개를 달아 주세요! 라온 영어 전문 학원

맞춤형 1:1 학습: 우리 아이의 수준에 딱 맞는 개별 맞춤 학습!

원어민 강사 수업: 생생한 영어 회화, 자연스러운 발음 교정!

어린이를 힘들게 하는 숙제 없음, 학원에서 모두 해결.

초등 영어: 탄탄한 기초 다지기, 영어 자신감 향상!

중등 영어: 내신 완벽 대비, 영어 실력 심화 학습!

고등 영어: 수능 및 내신 완벽 대비, 대학 입시 성공!

무료 레벨 테스트: 우리 아이의 영어 실력을 정확하게 진단!

상담 후 등록 시 수강료 할인: 부담 없이 시작하세요!

전화: 123-456-789

---

1. 위 영어 학원 전단지를 보고 두 명의 초등학생이 대화를 나누고 있습니다. 괄호 안에 알맞은 단어를 써 보세요.

민지 : 나 지금 다니는 학원이 (　　　)가 많아서 힘든데, 엄마한테 여기 보내달라고 해야겠다.

영후 : 그렇구나! 그런데 내 생각에는 (　　　)학생만 가르치는 곳이 아니라 어떨지 모르겠어.

 Week 40 일상생활

동네 환경 개선 홍보문

깨끗한 우리 동네, 우리가 만들어요!
'잠깐! 이 쓰레기 어디로 갈까?'
음식물 쓰레기는 음식물 쓰레기통에! (예: 남은 음식, 과일 껍질)
일반 쓰레기는 종량제 봉투에! (예: 과자 봉지, 휴지)
재활용품은 종류별로 나누어서! (예: 플라스틱 병, 종이, 유리병)
우리가 버린 쓰레기는 우리 동네의 얼굴이 됩니다.
조금만 신경 쓰면 모두가 깨끗한 곳에서 살 수 있어요.
함께 지켜요, 깨끗한 환경!

---

1. 이 내용처럼 모두의 이익을 위해 하는 광고를 무엇이라고 할까요?
　① 공익 광고　② 상품 광고　③ 기업 광고

2. 이런 광고의 목적은 무엇인가요?
　① 사회 문제를 해결하고 모두 잘 살기 위해
　② 사람들을 가르치고 야단치기 위해
　③ 쓰레기통 회사가 돈을 벌기 위해

 Week 13 국어 (시)

빨랫줄

빨랫줄에
엄마의 앞치마가
바람에 펄럭인다
햇빛 냄새 솔솔 나는 수건들이
하늘을 날 듯 흔들린다
나는 옆에서
엄마 팔에 안긴 것처럼
따뜻하다

---

1. 시에서 말하는 이는 지금 어떤 마음을 느낄까요?

　① 무섭고 떨리는 마음

　② 따뜻하고 포근한 느낌

　③ 지루하고 따분한 기분

　④ 부끄럽고 불편한 기분

듀프 제품을 사는 것은 정말 옳은 일일까요?

요즘 젊은 사람들 사이에서 '듀프(dupe)' 제품을 사는 일이 자연스러워지고 있다. 듀프는 원래 똑같이 만든 복제품을 뜻하는 말이지만, 요즘은 비싸고 유명한 제품과 기능이나 디자인이 비슷하면서도 훨씬 저렴한 물건을 뜻한다. 예를 들어 유니클로의 '멀티 포켓 숄더백'은 30만 원이 넘는 유명 브랜드 가방과 디자인이 비슷하지만 3만 원대에 살 수 있어 인기가 많다. 다이소에서 파는 3,000원짜리 립밤도 고급 브랜드인 샤넬의 립밤과 비슷하다고 알려져 순식간에 모두 팔려 나갔다. 이런 듀프 제품들은 사람들 사이에서 '저렴이 제품'이라고 불리며 입소문을 타고 있다. 그러나 전문가들은 듀프 제품과 기존 제품의 차이를 정확히 구분해야 한다고 말한다. 유명 브랜드의 가치를 이용해서 이익을 얻는 일은 공정하지 않을 수 있기 때문이다.

1. 요즘 사람들이 '듀프 제품'을 사는 이유는 무엇인가요?

　① 유명한 제품보다 품질이 떨어져서

　② 유명한 제품과 비슷하지만 가격이 저렴해서

　③ 복제품을 수집하고 싶어서

2. 듀프 제품은 어떤 면에서 공정하지 않을 수 있나요?

Week 13 사회 (지리)

경상도는 어떤 산업이 발달했을까요?

경상도는 바닷가가 넓게 펼쳐져 있어서 예로부터 배를 만들고 물고기를 잡는 일이 활발했던 지역이다. 특히 울산, 거제, 창원 등에는 배를 만드는 공장인 조선소가 많이 모여 있으며, 이 지역은 우리나라에서 배를 가장 잘 만드는 곳으로 알려져 있다. 오랜 시간 동안 배를 만들어 온 경험과 뛰어난 기술력 덕분에 경상도의 조선업은 세계에서도 인정받고 있다. 이 지역에서 만든 배는 다른 나라인 해외로 수출되며 우리나라 경제에 큰 도움이 되고 있다. 경상도는 지금도 더 좋은 배를 만들기 위해 새로운 기술을 연구하며 끊임없이 발전하고 있다.

1. '조선소'의 뜻을 알 수 있는 부분에 밑줄을 그어요.
2. '해외'의 뜻을 알 수 있는 부분에 밑줄을 그어요.

면역 시스템이 하는 일은 무엇인가요?

우리 몸에는 면역 시스템이 있어서 병균이나 나쁜 바이러스가 몸에 들어오지 않게 막아 준다. 백혈구는 몸 안에 들어온 병균을 찾고 이를 공격하여 몸을 건강하게 유지한다. 또한 몸이 항체를 만들어 이미 한 번 겪었던 병균이나 바이러스에 대해 기억하고 다시 감염되지 않도록 도와준다. 이처럼 면역 시스템은 우리 몸을 (　　　　　)으로부터 지키는 중요한 역할을 한다.

1. 괄호 안에 들어갈 가장 어울리는 말을 찾으세요.
　① 다른 사람　　② 외부의 위협　　③ 위험한 생각

Week 13 역사 (한국인물)

이성계는 누구인가요?

이성계는 조선을 건국하고 첫 번째 왕이 된 인물이다. 고려 말 이성계는 뛰어난 군사적 능력으로 왜구와 여진족의 침략을 막아내며 백성들의 지지를 얻었다. 1388년 이성계는 왕의 명령으로 요동 정벌에 나섰다가 위화도에서 회군하여 왔다. 그렇게 이성계는 1392년 고려를 멸망시키고 조선을 건국했다. 건국 후에는 한양을 새로운 수도로 정하고 유교를 바탕으로 나라를 다스렸다.

1. 이 글에서 '군사를 돌려 돌아옴'이라는 뜻을 가진 단어를 찾으세요.
2. 이 글에서 '멸망'과 반대의 뜻을 가진 단어를 찾으세요.

Week 40 역사 (세계인물)

링컨은 누구인가요?

에이브러햄 링컨은 미국의 16번째 대통령이다. 그는 가난한 집에서 태어나 학교에도 자주 못 갔지만, 열심히 책을 읽고 스스로 공부하며 많은 것을 배웠다. 자라서 정치인이 된 뒤에는 가난한 사람과 약한 사람들을 도와주는 법을 만들려고 애썼다. 이후 대통령이 되어 노예 제도를 없애기 위한 발판을 마련했고 결국 노예 해방 선언을 발표했다. 이 과정에서 미국의 남쪽과 북쪽 사이에 '남북전쟁'이라는 큰 싸움이 일어났지만, 링컨은 끝까지 포기하지 않고 나라를 하나로 지키기 위해 힘썼다. 그는 전쟁 중에도 국민을 아끼고 화합을 중요하게 여겼으며, '국민의, 국민에 의한, 국민을 위한 정부'라는 아주 유명한 말을 남겼다.

1. 이 글에 나타난 링컨이 한 일을 한 가지 말하세요.
2. '국민의, 국민에 의한, 국민을 위한 정부'라는 말은 어떤 뜻인가요?
    ① 모든 힘이 국민에게 있다.
    ② 국민보다 나라가 중요하다.

Week 13 과학 (지구과학)

계절은 왜 생길까요?

계절이 생기는 이유는 지구가 자전과 공전을 하기 때문이다. 지구는 한 번 자전하면 하루, 태양 주위를 한 바퀴 돌 때마다 1년이 된다. 지구가 태양 주위를 도는 동안 지구의 축은 기울어져 있다. 이 기울어진 축 덕분에 여름에는 한쪽 반구에 태양의 빛이 더 많이, 겨울에는 다른 반구에 더 적게 비추게 된다. 그래서 여름에는 태양이 높이 떠서 따뜻하고, 겨울에는 태양이 낮게 떠서 추워진다. 이처럼 태양의 위치가 달라지면서 온도가 바뀌며 그것이 봄, 여름, 가을, 겨울을 만든다.

---

1. 지구를 상하나 좌우로 나눈 반쪽 부분을 뭐라고 하는지 이 글에서 맞는 단어를 찾아 보세요.
2. 지구의 온도가 변하는 이유는 태양의 (　　　　) 때문이다.

Week 40 · 사회 (정치) · 화

우리나라의 가장 중요한 권한은 누구에게 있을까요?

우리는 모두 대한민국의 국민이다. 우리나라 헌법 첫 문장에는 '대한민국은 민주공화국이다. 대한민국의 주권은 국민에게 있고, 모든 권력은 국민으로부터 나온다'라고 되어 있다. 이 말은 나라의 가장 중요한 권한이 국민에게 있다는 뜻이다. 대통령, 국회의원, 시장, 도지사 같은 사람들도 모두 국민이 뽑는다. 국민이 직접 선거를 하고, 의견을 내고, 나라의 일에 참여하는 것이 바로 민주주의이다. 나라의 주인은 왕 한 사람이 아니라 우리 모두인 것이다.

1. 이 글의 제목으로 가장 어울리는 것은 무엇인가요?

① 국민이 주인인 나라

② 왕이 다스리는 나라

③ 대통령이 모든 걸 결정하는 나라

④ 선거는 특별한 사람만 하는 일

남들이 사는 것을 따라 사는 것도 문제가 될까요?

요즘 '디토(ditto) 소비'라는 새로운 소비 트렌드가 떠오르고 있다. '디토'는 '나도'라는 뜻의 영어 단어로, 좋아하는 인물이나 콘텐츠를 따라 하는 소비를 말한다. 특히 젊은 세대들은 유튜브나 틱톡 같은 소셜 미디어를 통해 다양한 정보를 접하면서 좋아하는 인플루언서나 유튜버를 따라 하고 싶어 하는 마음이 강하다. 그래서 그들이 사면 크게 고민하지 않고 따라 사는 것이다. 다만 이로 인해 과소비를 할 수 있다는 위험이 있으며 자신의 상황이나 생각을 고려하지 않고 유행만 따르는 소비라는 지적도 있다. 우리는 올바른 소비 습관이 무엇인지에 대해 고민해 보아야 한다.

1. 이 글에서 '주장'이 담긴 문장은 다음 중 어느 것인가요?

① 요즘 '디토 소비'라는 새로운 소비 트렌드가 떠오르고 있다.

② 그래서 그들이 사면 크게 고민하지 않고 따라 사는 것이다.

③ 이로 인해 과소비를 할 수 있다는 위험이 있다.

④ 올바른 소비 습관이 무엇인지에 대해 고민해 보아야 한다.

도시락 싸는 방법

도시락을 쌀 때는 순서를 잘 지키는 것이 중요하다. 먼저 밥을 식힌 뒤 도시락통에 담는다. 그다음에는 반찬을 넣는데, 국물이 없는 반찬부터 넣는 것이 좋다. 김치나 볶음 반찬처럼 국물이 적은 것은 밥 옆에, 계란말이나 소시지는 따로 칸을 나눠 담으면 모양이 깔끔하다. 마지막으로 뚜껑이 잘 닫히는지 확인하고 물수건이나 수저를 함께 챙기면 도시락 준비 완료!

1. 글쓴이는 왜 국물이 없는 반찬부터 먼저 담으라고 했을까요? 생각해서 말해 보세요.

Week 13 일상생활

고민 게시판

작성자: 초등 4학년 김별

안녕하세요. 저는 초등학교 4학년 김별이라고 해요. 요즘 학교 숙제도 너무 많고 학원도 가야 하고 너무 힘들어요. 친구들은 다들 재밌게 노는 것 같은데 저는 맨날 공부만 해야 해서 너무 속상해요. 어른들은 공부가 제일 쉽다고 하는데 저는 왜 이렇게 어려운 걸까요? ㅠㅠ 저도 신나게 놀고 싶은데 어떻게 하면 좋을까요?

1. 다음 중 고민 게시판에 올라온 글에 어울리지 않는 댓글을 모두 찾으세요.

① 중학생 되어 봐. 그건 고민도 아니다.

② 나도 그랬는데 6학년이 되어 보니 그 공부도 의미가 있었어. 힘내!

③ 공부 시간을 줄이는 대신 하는 동안에는 정말 집중해서 해 봐.

④ 이름이 별이야? 참 예쁘다.

 **Week 39** 일상생활

기부 안내문

안녕하세요, 사랑 나눔 어린이 재단입니다.

어려운 환경 속 아이들에게 따뜻한 마음을 나누어 주세요.

[함께 할 수 있는 방법]

- 희망 저금통 채우기: 용돈을 모아 아이들 학용품, 책, 식사에 보태 주세요.
- 기간: 2025년 3월 1일 ~ 3월 31일
- 응원 메시지 카드 만들기: 힘이 되는 메시지와 그림을 담아 주세요.
- 제출 기간: 2025년 3월 1일 ~ 3월 10일
- 낡은 장난감 보내기: 깨끗하게 닦은 장난감을 보내 주세요.

---

1. 이 안내문에서 '사랑 나눔 어린이 재단'이 가장 중요하게 생각하는 것은 무엇이라고 생각할 수 있을까요?

① 많은 돈을 모으는 것

② 아이들에게 따뜻한 마음을 전하고 도움을 주는 것

③ 유명한 사람들이 많이 참여하도록 하는 것

④ 새로운 장난감을 많이 받는 것

 **Week 13** 일상생활

벼룩시장 초대장

함께 나누고, 함께 즐기는 벼룩시장! 봄을 맞이하여 이번 벼룩시장에 주민 여러분을 초대합니다.

날짜: 2025년 3월 23일(일요일)
시간: 오전 10시 ~ 오후 4시
장소: 진달래 아파트 101동 뒤편

아이들이 쑥쑥 자라 더 이상 못 입게 된 옷, 이제는 사용하지 않는 장난감, 읽지 않는 책들, 집에서 잠자고 있는 예쁜 액세서리와 멋진 옷, 다양한 생활용품 등 모두 가지고 나오세요. 재활용품을 활용한 만들기 체험 행사도 함께 진행됩니다.

돗자리 필수, 선착순 자리 마감, 우천 시 취소

---

1. 이 글을 바르게 이해한 친구는?
　① 수영: 와, 비 오면 천막 치고 행사하니 더 재밌겠다.
　② 현영: 우리 집에 작아진 옷이 있는데 가져가야지.
　③ 민수: 그날 여행을 다녀오는데 밤 늦게라도 가면 팔 수 있을 거야.

Week 39 일상생활

유기견 공고

새로운 가족을 기다려요!

공고 번호: 2025-06-11-001
접수 일시: 2025년 6월 11일(수) 오전 10시
발견 장소: 라온 아파트 앞 공원 벤치 옆
품종: 푸들(또는 믹스견으로 추정)　**성별**: 암컷　**나이**: 약 2살 추정
특징: 털은 갈색, 눈 주변에 흰색 털이 조금 섞여 있음. 목줄 없음. 사람을 잘 따르고 순한 편임. 왼쪽 다리를 약간 절뚝거림.(상태 확인 필요)
보호 기간: 2025년 6월 11일(수) ~ 6월 20일(금) (10일간)
문의: 행복 동물보호센터(031-123-7890)

---

1. 공고문에 '보호 기간'이 적혀 있는 이유는 무엇이라고 생각할 수 있을까요?

　① 이 기간이 지나면 더 이상 보호하기 어렵기 때문에
　② 강아지가 어디에서 사는지 소개하려고
　③ 강아지의 나이를 정확히 알려 주기 위해서
　④ 이 기간이 지나면 보호소가 문을 닫아서

우산 속

비 오는 날
우산 속은
나만의 작은 집
물방울이 똑똑
우산 위에 노래하고
내 마음은 조용히 숨 쉰다
사람들이 바쁘게 걷는 길
나는 혼자
우산 속에서 느릿느릿 걷는다

---

1. 이 시는 어떤 식으로 전개되고 있나요?

① 먼저 우산을 쓴 모습을 설명한 뒤, 우산 밖 풍경으로 넓혀간다.

② 처음부터 끝까지 비가 오는 소리만 표현하고 있다.

③ 처음에는 바깥을 이야기하다가 마지막에 우산을 접는 장면으로 끝난다.

④ 처음에는 어두운 느낌이었다가 마지막에 밝은 기분으로 바뀐다.

일본 여행의 인기가 식은 이유는 무엇인가요?

최근 일본 여행의 인기가 예전만 못하다. 비교적 가깝고 저렴한 비용으로 갈 수 있어서 그동안 많은 사람들이 일본 여행을 갔지만, 최근 엔화 환율이 오르면서 변화가 생겼다. 일본 여행을 가는 돈이 더 들게 되니 사람들이 다른 나라를 찾게 된 것이다.

실제로 지난 황금연휴에도 일본 여행을 다녀온 사람이 작년보다 많이 줄었다. 한 여행사 통계에 따르면 올해 인기 여행지 순위는 베트남, 유럽, 태국, 중국, 일본 순이다. 항공권이 비싸진 것도 원인이다. 여기에 일본이 관광세를 올리려는 움직임을 보이면서 여행 비용이 더 늘어날 수도 있다. 한때 한국 사람들이 가장 많이 찾던 일본이 이제 고민이 필요한 선택지가 되었다.

---

1. 우리나라 사람들이 일본 여행을 꺼리게 된 이유를 3가지 찾아 밑줄을 그으세요.

2. 이 글을 통해 '환율'에 대해 알 수 있는 사실은 무엇인가요?

공장은 지역에 따라 어떤 특징이 있나요?

(　　　　)은 물건을 만드는 곳이다. 어떤 공장은 도시 근처에 있고, 어떤 공장은 바닷가 근처에 있다. 공장이 어디에 있는지는 그 지역의 특징과 관련이 있다. 예를 들어, 항구 가까이에 있는 공장은 배를 이용해 물건을 실어나르기 쉽다. 강 근처에 있는 공장은 물을 많이 쓸 수 있다. 도시 근처에 있는 공장은 일할 사람이 많고, 만든 물건을 팔기에도 유리하다. 이렇게 공장의 위치는 자연환경 및 사람들의 생활과 깊은 관련이 있다.

1. 괄호 안에 들어갈 단어는 무엇인가요?

2. 이 글의 중심 내용은 무엇인가요?

　① 공장에서 만드는 물건의 종류

　② 공장이 위치한 곳은 지역의 특징과 관련이 있다.

　③ 공장에서 일하는 사람들의 하루

 **Week 39** 과학 (생물)

뇌와 신경은 어떤 일을 하나요?

우리의 몸은 뇌를 중심으로 많은 신경들이 연결되어 있다. 뇌는 몸의 모든 활동을 조절하는 중요한 일을 한다. 우리는 뇌를 통해 생각을 하고, 감정을 느끼며, 몸을 움직인다. 예를 들어 손을 움직일 때 뇌에서 먼저 신호를 보내면 그 신호가 신경을 통해 손으로 전달된다. 신경은 몸의 각 부분에 연결되어 있어서 우리가 보고 듣고 느끼는 모든 것들을 빠르게 처리할 수 있게 해 준다.

---

1. 다음 중 뇌가 하는 일이 아닌 것을 찾으세요.

① 몸의 모든 활동을 조절한다.

② 생각하고 감정을 느낀다.

③ 음식을 소화시킨다.

④ 몸을 움직이게 한다.

세종대왕은 누구인가요?

세종은 조선의 네 번째 왕으로, 한글을 만들었다. 당시 조선 시대 사람들은 한자를 사용했는데, 글자를 모르는 백성이 많아 어려움을 겪었다. 세종은 백성들이 쉽게 글을 읽고 쓸 수 있도록 한글을 만들었다. 또한 나라를 발전시키기 위해 여러 노력을 했다. 백성들의 더 나은 생활을 위해 측우기, 자격루 등 다양한 과학 기구를 만들고, 농사짓는 백성을 위해 『농사직설』이라는 책을 쓰기도 했다. 세종 덕에 조선은 문화와 과학이 발전하고 백성의 생활이 안정된 나라가 되었다.

---

1. 이 글에서 중요한 단어를 모았습니다. 다음 중 바르게 모아진 것을 찾으세요.

① 세종, 노력, 과학

② 왕, 자격루, 백성

③ 한글, 과학 기구, 농사직설

Week 39 역사 (세계인물)

안데르센은 누구인가요?

안데르센은 덴마크의 동화 작가이다. 그는 가난한 집에서 태어났는데, 아버지가 일찍 돌아가셔서 어려움을 겪었다. 어릴 때부터 연극을 좋아해서 배우가 되고 싶었지만 꿈을 이루기는 쉽지 않았다. 가냘픈 목소리나 외모 때문에 놀림받은 것이다. 대신 그는 풍부한 상상력을 바탕으로 재미있는 동화를 많이 썼다. 〈인어공주〉,〈성냥팔이 소녀〉,〈미운 오리 새끼〉같은 이야기는 지금도 전 세계 아이들이 아주 좋아하는 이야기이다. 그의 동화는 때로는 슬프지만 따뜻하며, 힘든 사람들의 마음을 잘 담고 있다. 안데르센은 아이들뿐만 아니라 어른들도 감동할 수 있는 이야기를 썼고, 현재도 그의 이름을 딴 동화상이 있다.

---

1. 이 글은 어떤 종류의 글인가요?

　① 동화　　　　　② 인물 이야기　　　　　③ 과학

2. 안데르센이 겪은 고난(어려움)에 밑줄을 치세요.

Week 14 과학 (지구과학)

반구는 지구를 어떻게 나눌까요?

반구는 지구를 상하(위, 아래)나 좌우(왼쪽, 오른쪽)로 나눈 반쪽 부분을 말한다. 지구는 두 개의 반구로 나눌 수 있다. 하나는 북반구이고, 다른 하나는 남반구이다. 북반구는 지구의 북쪽 절반을, 남반구는 지구의 남쪽 절반을 말한다. 또한 지구를 동서로 나누면 동반구와 서반구이다. 이러한 구분은 지구가 둥글고 자전하기 때문에 생긴다. 각 반구는 계절이나 날씨가 서로 다르게 나타날 수 있다. 예를 들어, 북반구가 여름이면 남반구는 겨울이다.

---

1. 이 내용을 바탕으로 그림의 각 위치에 알맞은 단어를 적어 보세요.

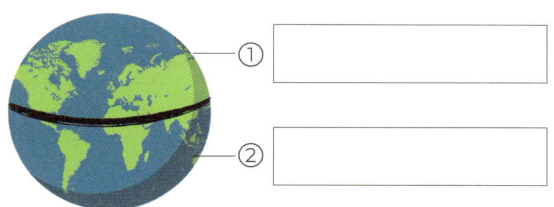

국회에서는 어떤 일을 할까요?

국회는 국민을 대신해서 나라의 법과 예산을 정하는 곳이다. 국회에는 국민이 뽑은 국회의원들이 있다. 이들은 모여서 어떤 법이 필요한지 이야기하고, 새로운 법을 만들거나 바꾸는 일 등을 한다. 예를 들어 학생들의 안전을 위한 법, 환경을 보호하는 법 등을 만든다. 또, 나라의 돈을 어디에 어떻게 쓸지도 함께 정한다. 이처럼 국회는 대통령처럼 정책을 혼자 결정하는 곳이 아니라 여러 사람이 함께 의논하고 투표로 정하는 곳이다.

1. 이 글에서 다음 뜻을 가진 단어는 무엇인가요?

어떤 일을 하기 위해 미리 계획해 두는 돈

음식값이 자꾸 비싸지는 이유가 있을까요?

최근 라면, 빵, 과자, 고기 같은 식품들의 가격이 계속 오르고 있다. 이렇게 음식값이 오르는 현상을 '푸드플레이션'이라고 한다. 푸드플레이션은 음식(food)과 물가 상승을 뜻하는 인플레이션(inflation)이 합쳐진 말이다. 비가 너무 많이 오거나 가뭄이 들면 농산물이 잘 자라지 않아 쌀, 채소, 과일 같은 식재료가 부족해져서 가격이 오르게 된다. 또한 외국에서 들여오는 밀이나 옥수수 같은 곡물 가격이 오르면 빵이나 과자값도 덩달아 오른다. 푸드플레이션이 계속되면 가정의 식비 부담이 커진다. 우리가 자주 먹는 음식들이 더 비싸지지 않도록 나라에서는 식품 물가를 안정시키기 위한 노력을 해야 한다.

---

1. 이 글을 통해 다음 단어의 뜻을 예측해 보세요.

면플레이션

2. 푸드플레이션이 생기는 이유로 알맞지 않은 것은 무엇인가요?

① 가뭄이 들어 농산물이 부족해질 때

② 외국에서 수입하는 곡물 가격이 오를 때

③ 사람들이 음식을 남기지 않을 때

Week 39 국어 (설명글)

그림자는 빛이 물체를 만나 생기는 어두운 부분이다. 빛은 곧게 나아가는 성질 때문에 그 앞을 가리는 물체가 있으면 그 뒤까지 빛이 닿지 못한다. 이렇게 빛이 닿지 않는 곳이 바로 그림자이다. 그림자의 모양은 물체의 생김새와 비슷하지만, 빛이 비치는 방향이나 각도에 따라 달라질 수 있다. 빛이 낮은 곳에서 비칠수록 그림자는 길어지고, 빛이 높은 곳에서 비칠수록 그림자는 짧아진다.

---

1. 이 글의 제목으로 가장 알맞은 것은 무엇인가요?

① 빛의 힘
② 빛과 어둠의 싸움
③ 그림자가 생기는 이유
④ 해가 사라진 뒤

2. 이 글을 읽고 알 수 있는 사실로 알맞은 것은 무엇인가요?

① 그림자는 물체가 투명할수록 더 진하게 생긴다.
② 그림자의 모양은 빛의 방향에 따라 달라질 수 있다.
③ 빛이 없을수록 그림자는 길어진다.
④ 그림자는 항상 물체보다 더 작다.

 **Week 14 일상생활**

독서 캠프 모집 안내문

책 좋아하는 친구들 모두 모여라!

독서도 하고, 친구들과 퀴즈도 풀고, 재미있는 책 놀이도 함께해요!

일시: 5월 18일 토요일 오후 1시~4시
장소: 하늘마루 도서관 3층 강당
대상: 초등학교 3~6학년
신청: 5월 10일까지 학교 도서관에 신청서 제출
문의: 010-1234-5678 (책사랑 선생님)

---

1. 이 광고문에서 알 수 있는 행사의 목적은 무엇인가요?

　① 책을 싸게 파는 것
　② 독서를 즐기고 친구들과 활동하는 것
　③ 도서관 청소를 하는 것

2. 이 글을 읽고 할 수 있는 행동으로 알맞은 것은 무엇인가요?

　① 책을 빌리기 위해 도서관에 간다.
　② 책사랑 선생님에게 전화해서 책을 주문한다.
　③ 신청서를 쓰고 학교 도서관에 낸다.

 **Week 38** 일상생활

엄마와 아이의 대화

아이: 엄마, 오늘 학교에서 선생님이 제가 그림을 제일 잘 그린다고 칭찬해 주셨어요!

엄마: 와! 정말? 우리 딸 최고네. 엄마는 네가 자랑스러워! 그런데 그림 그릴 때 썼던 크레파스는 사물함에 잘 정리했니?

아이: 아, 일단 서랍에 넣었어요.

엄마: 하하, 그래? 그럼 내일 학교 가면 바로 사물함에 넣자. 정리도 잘하면 더 멋진 어린이가 될 수 있을 거야!

---

1. 위 대화에서 엄마의 모습은 어떠하다고 생각할 수 있을까요?

① 아이를 혼내기만 하는 엄격한 엄마

② 아이의 자랑을 무시하는 엄마

③ 아이를 칭찬하면서도 바른 습관을 길러 주려는 자상한 엄마

④ 아이에게 모든 것을 맡기는 무관심한 엄마

 **Week 14** 일상생활

현서의 쪽지

지후야,

오늘 나는 급식 먹고 도서관에 먼저 갈게.

3시까지는 독서 퀴즈를 준비해야 하니까 먼저 자리 맡아 둘게.

끝나고 나랑 문방구 들르자!

도서관 앞 책꽂이 쪽에 앉아 있을게.

- 현서가 -

---

1. 이 쪽지를 쓴 사람의 상황과 마음을 가장 잘 짐작한 것은 무엇인가요?

　① 현서는 지후에게 급식 시간에 만나자고 부탁하고 있다.

　② 현서는 지후가 도서관에 늦지 않게 오기를 바라고 있다.

　③ 현서는 혼자 독서 퀴즈를 준비하려고 한다.

2. 현서가 도서관에 먼저 가겠다고 말한 이유는 무엇인가요?

Week 38 일상생활 — 토

카톡 대화

수진: 민호야! 내일 축구 시합 몇 시에 시작하는지 알아?

민호: 음…. 3시 반이었던 것 같아.

수진: 아, 그렇구나! 고마워! 나 내일 친구들이랑 같이 응원갈 건데 혹시 끝나고 같이 떡볶이 먹으러 갈래?

민호: 헐, 대박! 완전 좋아. 나 진짜 배고플 거야. 어디로 가면 돼?

수진: 운동장 앞에서 만나자. 이따 봐!

민호: 그래, 내일 봐. 파이팅!

---

1. 마지막에 민호가 '파이팅!'이라고 보낸 것은 어떤 마음을 담고 있을까요?

① 수진이에게 축구 시합에 꼭 오라고 재촉하는 마음

② 떡볶이를 꼭 사달라고 부탁하는 마음

③ 내일 축구 시합에서 잘하고 싶은 다짐과 수진이에게 고마움을 전하는 마음

④ 내일 축구 시합이 빨리 끝났으면 하는 마음

연필깎이

내가 쓴 연필이

점점 작아진다

연필깎이 속에

연필의 마음이

가늘게 뱅뱅 돌아간다

나를 위해

몸을 조금씩 내어 주는

작은 친구

---

1. 이 시에서 '연필의 마음이 가늘게 뱅뱅 돌아간다'는 어떤 뜻인가요?

① 연필이 연필깎이 속에서 기분 좋게 춤추고 있다는 뜻이다.

② 연필이 점점 작아지며 깎이고 있다는 것을 표현한 것이다.

③ 연필이 계속 놀고 싶어 한다는 뜻이다.

④ 연필이 화가 나서 돌아다닌다는 뜻이다.

Week 38 시사

일본의 교과서 왜곡을 어떻게 바라봐야 할까요?

일본 고등학생들이 2026년 봄부터 사용할 사회과 교과서 대부분에 독도는 일본 땅이라는 내용이 포함된 것으로 드러났다. 일본은 교과서를 심사하는 과정에서 지리, 역사, 공공 과목 교과서에 이 같은 내용을 담았으며, 일부는 원래 없던 내용을 추가해 통과시키기도 했다. '공공' 과목은 정치와 사회 제도를 배우는 과목이다.

이렇게 사실과 다른 <u>왜곡</u>된 내용은 초등학교와 중학교 교과서에서도 점점 강해지고 있다. 초등학교 교과서는 한국이 독도를 불법으로 가졌다는 식의 내용으로 바뀌었다. 중학교 교과서 대부분도 한국이 불법으로 독도를 점령하고 있다고 쓰여 있다.

하지만 한국은 이런 상황에도 일본과의 관계를 잘 유지하는 것을 더 중요하게 생각하고 있다. 반대로 일본이 역사를 왜곡하는 일이 반복되고 있는데 적극적인 대응보다는 조심스러운 태도를 유지하는 현실을 걱정하는 목소리도 나오고 있다.

---

1. 밑줄 친 '왜곡'이라는 단어의 뜻을 같은 문장에서 찾으세요.

2. 이 글에서 중요한 단어를 3~5가지 뽑아 보세요.

Week 15 | 사회 (지리) | 화

우리나라의 여러 강을 알아 보아요.

우리나라에는 여러 강이 있다. 한강은 서울을 가로질러 흐르며 시민들이 산책하거나 자전거를 타고 쉴 수 있는 공간이 많다. 낙동강은 우리나라 남부 지방을 따라 길게 흐르며 주변에 있는 농사 지역에 필요한 물을 공급한다. 금강은 충청도를 중심으로 흐르며 주변에는 논밭이 많아 농업이 발달해 있다. 영산강은 전라도 지역을 지나며 물이 풍부해서 옛날부터 사람들이 강 주변에 모여 살았다. 임진강은 북한과 가까운 지역을 지나며 북에서 흘러오는 물이 남쪽으로 이어진다. 이처럼 우리나라의 강은 농사에 필요한 물을 대주고, 사람들이 모여 사는 터전이 되며 자연과 사람을 이어 주는 소중한 자원이다.

1. 이 글은 어떤 방식으로 전개되나요?

① 비교(두 가지 이상의 것을 비슷한 점이나 다른 점을 중심으로 설명하는 방법)

② 열거(어떤 주제에 대해 여러 가지를 하나씩 설명하며 늘어놓는 방법)

③ 정의(어떤 낱말이나 개념이 무엇인지 분명하게 뜻을 밝혀서 설명하는 방법)

 Week 38 과학 (생물)

우리가 숨을 쉬면 폐는 어떤 일을 하나요?

폐는 우리 몸에서 매우 중요한 일을 한다. 우리가 공기를 마시면 공기는 기도를 통해 폐로 들어가고, 폐는 그 안에서 산소를 흡수하며 이산화탄소를 배출한다. 산소는 혈액을 통해 온몸에 전달되어 우리가 살아가는 데 필요한 에너지를 만든다. 우리가 숨을 내쉴 때는 폐에서 이산화탄소가 배출된다. 이처럼 숨을 한 번 쉴 때마다 공기와 함께 산소가 들어가고 이산화탄소가 나가면서 우리의 몸은 건강하게 기능할 수 있다.

---

1. 이 글에서 다음 뜻에 해당하는 단어를 찾아 보세요.

① 빨아들이는 것:

② 밖으로 내보내는 것:

③ 우리 몸속을 흐르는 피:

④ 우리가 숨 쉴 때 들이마시는 공기 속 기체:

⑤ 숨을 쉴 때 몸에서 나오는 필요 없는 기체:

Week 15 역사 (한국인물)

장영실은 누구인가요?

장영실은 조선 시대 최고의 과학자이다. 그는 뛰어난 손재주와 창의적인 생각으로 많은 과학 발명품을 만들었다. 가장 유명한 발명품은 우리나라 최초의 물시계인 자격루이다. 자격루는 시간을 정확하게 측정하고 알려 주는 중요한 역할을 했다. 또한 하늘의 별과 시간을 측정하는 혼천의와 해시계인 앙부일구도 만들었다. 이렇게 다양한 발명품을 만든 장영실은 세종대왕의 큰 신임을 받았고, 세종대왕 시절의 과학 발전에 크게 기여했다. 그는 백성들의 생활을 편리하게 하고 조선의 과학 기술을 발전시키는 데 큰 역할을 했다.

1. 이 글을 바탕으로 짐작한 내용 중 맞는 것을 모두 찾으세요.

① 조선 시대에는 시계가 없었다.
② 세종대왕은 과학 발전에 관심이 많았다.
③ 조선 시대에는 과학자가 많았다.

Week 38 역사 (세계인물)

나폴레옹은 누구인가요?

나폴레옹은 프랑스의 군인이자 나중에 황제가 된 사람이다. 작은 섬에서 태어난 그는 아주 똑똑하고 용감해서 군대에서 빠르게 높은 자리에 올랐다. 그는 프랑스가 어지러울 때 나라를 잘 다스려서 임금이 되었다. 나폴레옹은 유럽의 여러 나라를 차지해서 큰 나라를 만들었고, '나폴레옹 법전'이라는 중요한 법도 만들었다. 하지만 전쟁을 너무 많이 해서 사람들이 싫어했고, 결국 전쟁에서 진 다음 어느 섬으로 쫓겨났다. 그러나 그는 지금까지도 아주 똑똑한 군인이자 지도자로 기억되고 있다.

---

1. 이 글에서 알 수 있는 나폴레옹의 모습으로 가장 알맞은 것은 무엇인가요?

① 나라를 세운 과학자

② 전쟁을 싫어한 왕

③ 똑똑하고 용감한 지도자

Week 15 과학 (지구과학)

달은 왜 조금씩 달라질까요?

달은 매일 조금씩 모양과 위치가 달라진다. 달이 지구를 둘러싸고 돌면서 점차적으로 우리 눈에 보이는 부분이 변하는데, 이를 달의 위상 변화라고 한다. 보름달은 한 달 중 가장 밝고 둥근 모양을 하고 있으며, 그 전후로는 초승달이나 하현달 등의 다양한 모양을 볼 수 있다. 달의 위치도 매일 조금씩 달라진다. 달은 다음 날이면 이전 날보다 약 50분 정도 늦게 뜨기 때문에 우리는 매일 다른 시간에 다른 위치에서 달을 볼 수 있다.

1. 매일 다른 시간에 다른 위치에서 달을 볼 수 있는 이유가 무엇인지를 설명하는 부분에 밑줄을 치세요.

Week 38 사회 (정치)

공공기관은 어떤 역할을 할까요?

공공기관은 정부나 지방자치단체가 운영하는 기관으로, 국민이 좀 더 잘 살고 모두가 이익을 얻을 수 있도록 여러 가지 서비스를 제공한다. 공공기관은 국민의 세금으로 운영되며 일반적으로 교육, 보건, 교통, 환경 보호, 사회 안전 등의 다양한 분야에서 국민에게 필요한 서비스를 제공한다. 예를 들어, 학교는 교육을 제공하는 공공기관이고 병원은 건강을 관리하는 공공기관이다. 또한 소방서나 경찰서는 안전을 담당하는 공공기관이다.

1. 이 글에 나타나지 않은 내용을 찾아요.

　① 공공기관의 위치

　② 공공기관이 하는 일

　③ 공공기관의 예시

2. 이 글에 예시로 소개된 공공기관 이름에 동그라미 치세요.

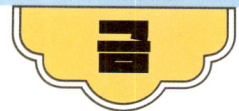

우리나라 사람들은 과연 행복할까요?

최근 발표된 '2024 세계행복보고서'에 따르면 대한민국의 행복도는 전 세계 143개 나라 중 52위라고 한다. 행복지수는 여러 가지 요소를 기준으로 평가되는데, 한국은 경제 수준이나 건강한 삶에서는 높은 점수를 받았지만 사회적인 믿음이나 자유 같은 내용에서는 점수가 낮았다. 특히 사람들 사이의 믿음이 부족하고 서로 힘을 모아 무언가를 하며 연결되어 있다는 느낌의 연대감이 부족한 것으로 나타났다. 즉, 힘들 때 의지할 사람이 있다고 느끼는 사람이 적다는 것이다. 한국은 점점 심화되는 경쟁에 일하는 시간도 길기 때문에 사람들은 혼자 지낼 수밖에 없는 상황에 처하는 경우가 많다. 이런 것도 행복을 느끼지 못하게 하는 요인 중 하나다. 지금은 경제적 성장만이 아니라 마음의 풍요로움도 필요한 때이다.

---

1. 여러분이 행복하다고 느낀 적은 언제인가요?
2. 이 글에서 '연대감'의 뜻을 나타낸 부분에 밑줄을 그어 보세요.

비는 왜 내리는 걸까?

비는 구름 속에 모인 물방울이 떨어지는 것이다. 구름은 공기 중에 떠 있는 작은 물방울들이 모여서 만들어진다. 이 물방울들은 가벼워서 구름 속에 떠 있을 수 있다. 그러나 물방울이 커지고 무거워지면 결국 땅으로 떨어지게 된다. 이때 떨어지는 물방울이 바로 (   )이다. 비는 우리가 땅에서 구름을 바라볼 때 그 물방울들이 떨어져서 나타나는 자연 현상이다.

---

1. 이 글은 어떤 종류의 글인가요?
   ① 편지글　　　　② 동시　　　　③ 설명하는 글

2. 이 글의 제목으로 어울리는 것을 찾아 보세요.
   ① 정다운 빗소리　　② 비가 오는 이유　　③ 비와 구름

3. 괄호 안에 들어갈 알맞은 단어는 무엇인가요?

어린이 고민 상담소

[고민 글]

친구랑 다퉜는데 어떻게 해야 할지 모르겠어요. 제가 먼저 짜증을 내서 친구가 상처를 받은 것 같아요. 지금은 저도 미안한데, 뭔가 어색하고 말 걸기가 어렵네요. 친구랑 다시 잘 지내고 싶어요. 어떻게 하면 좋을까요?

[상담사의 답변]

용기를 내서 먼저 다가가 보세요. 너무 긴 말보다 "미안해"라는 한 마디면 충분할 수 있어요. 친구도 아마 기다리고 있을지 몰라요. 누구나 실수할 수 있고, 먼저 사과하는 건 약한 게 아니라 용기 있는 행동이에요. 너무 늦기 전에 이야기해 보세요. 관계는 말 한마디에서 다시 시작된답니다.

---

1. 답변 속 '관계는 말 한마디에서 다시 시작된답니다'라는 문장은 어떤 의미일까요?

 **Week 37** 일상생활

엄마의 쪽지

서준아,

엄마가 일이 있어서 갑자기 나왔어. 학교 다녀오면 우선 식탁에 있는 빵 먹어. 우유는 냉장고에 있어. 작은 통에 있는 것부터 먹으면 돼. 그리고 3시까지 태권도 가는 거 알지? 태권도 다녀와서 수학 문제집 3쪽 풀고 책 20분 읽기!

아, 들어오면 엄마한테 먼저 전화하는 거 잊지 말고. 다 하면 게임하면서 쉬고 있어. 엄마가 빨리 갈게. 조금만 기다려 줘. 사랑해! ♥

---

1. 엄마가 쪽지를 남긴 시간대는 언제일까요?

　① 서준이가 잘 때　② 늦은 저녁　③ 서준이가 학교에 있을 때

2. 쪽지에 담긴 엄마의 마음을 가장 잘 나타낸 것은 무엇인가요?

　① 서준이에게 화가 나 있다.

　② 서준이가 걱정되고 미안하다.

　③ 서준이에게 용돈을 주지 않으려고 한다.

　④ 서준이에게 숙제를 많이 시키고 싶어 한다.

Week 15 일상생활

온라인 쇼핑몰 상품 후기

상품명: 모양틀 쿠키 만들기 세트

이번 주말에 엄마랑 쿠키를 만들었어요. 제가 고른 '모양틀 쿠키 만들기 세트'에는 별, 나뭇잎, 곰돌이, 하트 모양까지 여러 가지 틀이 들어 있어서 재미있었어요. 밀가루 반죽에 모양을 찍는 것도 생각보다 쉬웠고, 구운 뒤에는 진짜 파는 쿠키처럼 보였어요! 하지만 곰돌이 모양은 조금 작아서 잘 부서졌고, 반죽이 틀에 너무 많이 묻어 빼기 어려웠어요. 그래도 동생이 맛있다고 엄청 좋아해서 뿌듯했어요. 친구들에게도 추천하고 싶어요!

---

1. 이 상품 후기글을 본 소비자의 반응 중 가장 적절한 것은 무엇인가요?

① 곰돌이 모양이 너무 귀여울 것 같아서 안 써 봤지만 저도 별점 5개 줄래요.

② 밀가루 반죽을 안 쓰고도 만들 수 있으면 좋겠네요.

③ 다양한 모양틀이 들어 있고, 직접 써 본 후기가 자세해서 구매에 도움이 돼요.

 **Week 37** 일상생활

문구점 할인 행사 안내문

우리 동네 문구점 할인 행사

기간: 2025년 2월 8일(토) ~ 2월 14일(금)

품목	원래 가격	할인 가격
연필(5개 묶음)	2,000원	1,500원
지우개(1개)	500원	300원
색연필(1세트 12색)	8,000원	6,000원
스케치북(1권)	3,000원	2,500원
종합장(1권)	1,000원	700원

1. 서진이는 할인 소식을 듣고 문구점에 가서 종합장 2권과 지우개 2개, 색연필 1세트를 샀어요. 그럼 모두 얼마를 내야 할까요?

지수가 간 곳은 어디일까요?

조용히 문을 열고 들어갔다. 사람들이 책장 사이를 조심스럽게 걸었다. 멈추어 서서 책을 뽑아 읽는 사람도 있었다. 지수도 서가를 서성였다. 마땅히 눈에 들어오는 책이 없어 계속 돌아다녔다. 그러다 검색대로 가서 좋아하는 작가 이름을 넣었다. 새로 나온 책이 검색되었다. 곳곳에는 의자, 테이블, 작은 소파가 있었다. 지수는 마음에 드는 소파에 앉아 책을 읽기 시작했다.

1. 지수가 간 곳은 어디일지 생각해서 적어 보세요.
2. 그곳이라고 짐작하게 하는 단어에 모두 동그라미 치세요.

시성비가 무엇인가요?

요즘 소비자들 사이에서 '가성비'보다 '시성비'를 더 중요하게 여기는 경향이 나타나고 있다. (　　　)는 가격 대비 성능을 따지는 말이지만 (　　　)는 시간 대비 성능을 뜻한다. 즉, 물건을 사거나 무언가를 선택할 때 얼마나 가격이 싸냐보다는 내 시간과 노력을 얼마나 아껴 주느냐를 더 중요하게 생각하는 것이다.

예를 들어, 집에서 직접 요리하면 돈은 절약되지만 시간과 에너지가 많이 든다. 그래서 요즘 사람들은 조금 비싸더라도 간편식이나 배달 음식을 선택하는 경우가 많다. 또한 저렴한 제품이라도 조립이나 설치가 복잡하면 사지 않는 경우도 많다. 그만큼 (　　　　　　　　　　)

---

1. 앞의 문장을 바탕으로 괄호 안에 들어갈 단어를 각각 찾으세요.
2. 마지막 문장에 들어갈 내용으로 알맞은 것을 찾으세요.
   ① 돈을 아끼게 된 것이다.
   ② 경제 관념이 사라진 것이다.
   ③ 시간과 편리함의 가치가 높아진 것이다.

우리나라의 여러 산을 알아 보아요.

우리나라에는 아름답고 의미 있는 산들이 많다. 백두산은 우리나라에서 가장 높은 산으로, 꼭대기에는 푸른 물이 고인 천지가 있다. 한라산은 제주도에 있는 화산으로, 섬의 중심에 우뚝 솟아 있어 많은 사람들이 여행하며 오르기를 좋아한다. 설악산은 강원도에 있는 산으로, 바위가 멋지고 단풍이 아름다워 가을이면 많은 사람이 찾는다. 속리산은 충청북도와 경상북도 사이에 있는 산으로, 오래된 절인 법주사가 있어 역사와 함께 자연을 느낄 수 있는 곳이다.

1. 이 글에 나온 산 이름에 모두 동그라미 치세요.

심장은 우리 몸에서 매우 중요한 역할을 한다. 심장은 하루에도 수만 번 뛰면서 피를 온몸에 보낸다. 피는 산소와 영양분을 운반하고, 몸 안의 노폐물을 제거하는 역할을 한다. 피는 혈관을 통해 흐르며, 이 혈관은 동맥, 정맥, 모세혈관 등으로 나누어져 있다. 동맥은 심장에서 나오는 피를 몸으로 보내고, 정맥은 몸에서 나온 피를 심장으로 되돌려 보낸다.

1. 이 글의 제목으로 어울리는 것을 찾아요.

① 심장과 혈관이 하는 일 ② 혈관의 종류 ③ 혈관의 역할

Week 16 역사 (한국인물)

신사임당은 누구인가요?

신사임당은 조선 시대의 유명한 여성 예술가이자 교육자이다. 그녀는 그림과 글씨, 시에 뛰어난 재능을 보였다. 특히 풀과 벌레, 꽃 등을 담은 초충도 그림을 잘 그렸다. 그녀의 그림은 섬세하고 아름다워 많은 사람에게 감동을 주었다. 신사임당은 뛰어난 시인이기도 했다. 그녀의 시는 자연에 대한 따뜻한 마음을 담고 있다. 신사임당은 훌륭한 어머니이기도 했다. 그녀는 아들 율곡 이이를 훌륭한 학자로 키워냈다. 그녀의 예술적 재능과 교육적 능력은 지금까지도 많은 사람에게 기억되고 있다.

---

1. 글의 내용으로 보아 '초충도'는 어떤 것을 담은 그림인가요?

2. 다음 대화의 빈칸에 알맞은 단어를 넣어 보세요.

　민후: 신사임당은 오만 원권 지폐의 인물이기도 해!

　소민: 아, 그렇구나. 훌륭한 (　　　　)이자 (　　　　)라서 그런가 봐.

Week 37 역사 (세계인물)

베토벤은 누구인가요?

베토벤은 독일에서 태어난 음악가이다. 그는 어릴 때부터 피아노를 아주 잘 쳤고, 음악을 만드는 데도 뛰어난 재능을 보였다. 음악가였던 베토벤의 아버지는 어린 베토벤에게 엄하게 음악을 가르쳤다. 아버지는 아들이 천재 음악가가 되기를 바랐고, 술을 마시곤 밤늦게까지 피아노 연습을 시키기도 했다. 젊을 때부터 유명한 음악가이던 그는 어느 날부터 귀가 잘 안 들리기 시작했다. 나중에는 거의 아무 소리도 들을 수 없게 되었지만, 베토벤은 음악을 포기하지 않았다. 대신 마음속으로 소리를 상상하며 계속해서 멋진 음악을 만들었다. 그가 작곡한 곡으로는 〈운명 교향곡〉, 〈합창 교향곡〉 등이 있다. 베토벤은 힘들어도 포기하지 않고 자신의 마음을 음악으로 보여 주었다. 그의 음악은 지금도 많은 사람에게 큰 감동을 주고 있다.

---

1. 이 글의 내용으로 보아 베토벤에게 영향을 준 이는 누구이며 어떤 영향을 주었나요?

온도에 대해 알아 보아요.

온도는 우리가 따뜻함과 차가움을 느끼는 정도를 말한다. 온도가 높으면 뜨겁다고 느끼고, 낮으면 차갑다고 느낀다. 온도를 측정할 때는 온도계를 사용한다. 온도계는 물체의 온도를 숫자로 보여준다. 예를 들어 물은 100도까지 가면 끓기 시작하고 0도에서는 얼어붙는다. 열은 온도가 높은 곳에서 낮은 곳으로 이동하는데, 우리가 따뜻한 물건을 만지면 그 열이 손에도 전달되어 따뜻함을 느끼게 된다.

---

1. 열은 (   )에서 (   )으로 이동한다.

2. 온도의 뜻을 찾아 밑줄을 그어요.

 **Week 37** 사회 (정치)

국민을 위해 일할 사람을 내 손으로 뽑아요.

(   )는 가장 대표가 되는 어떤 집단이나 그 아래서 일하는 사람을 뽑는 일이다. 한 나라의 국민들은 (   )를 통해 국회의원, 대통령, 지방자치단체장 등을 뽑는다. 선거는 국민이 누구를 선택할지 자유롭게 결정할 기회를 준다. 대통령 (   )는 5년, 국회의원 (   )는 4년마다 치러지며, (   )를 통해 뽑힌 사람은 나라를 책임지고 잘 이끌어갈 의무가 있다.

1. 괄호 안에 공통으로 들어갈 단어를 찾아요.
   ① 투표   ② 선거

2. 부모님이 투표하러 가는 것을 본 경험을 말해요.

길에서 휴대전화를 보며 걸으면 안 돼요.

최근 길거리에서 스마트폰을 보며 걷는 사람들이 많아지고 있다. 이들을 '스몸비족'이라고 부른다. '스마트폰'과 '좀비'를 합친 말인 '스몸비'는 고개를 숙인 채 스마트폰 화면만 바라보며 걷는 모습이 마치 좀비 같다고 해서 붙여진 말이다. 스몸비족은 걸으면서 스마트폰을 사용하느라 앞을 제대로 보지 못해 교통사고 위험도 커지고 있다. 실제로 스마트폰을 보면서 횡단보도를 건너다가 다가오는 차를 보지 못해 사고를 당하는 일이 종종 일어나고 있다. 또한 전봇대나 사람과 부딪히는 소소한 사고도 자주 일어난다. 이런 문제를 줄이기 위해 어떤 도시는 바닥에 신호등을 설치하거나 걷는 중 스마트폰을 사용하는 것을 금지하는 운동을 벌이고 있다.

---

1. 이 글의 중심 내용은 무엇인가요?

① 스마트폰이 얼마나 편리한지 알려 주는 글

② 좀비 영화가 유행하는 이유를 설명하는 글

③ 스몸비족의 위험성과 이를 줄이기 위한 노력을 설명하는 글

④ 스마트폰을 고치는 방법을 알려 주는 글

아빠께 보내는 편지

요즘 회사 일이 많이 바쁘시죠? 평일에는 아빠 얼굴을 거의 못 봐서 주말이 더 기다려져요. 예전엔 저녁 먹고 나서 같이 산책도 하고, 보드게임도 했는데 말이에요. 지난주 생일 때 아빠가 밤늦게 케이크를 들고 들어오신 거는 정말 감동이었어요. 졸린 눈으로 "생일 축하해!"라고 해 주셔서 저도 모르게 안기고 말았어요. 아빠, 요즘 피곤해 보이셔서 걱정이에요.

주말엔 아빠가 좋아하시는 커피를 맛있게 타 드릴게요!

– 아빠를 많이 생각하는 딸, 유진이 올림

---

1. 유진이가 이 편지를 쓴 목적은 무엇인가요?

　① 아빠에게 생일 케이크를 다시 부탁하려고.

　② 아빠가 바빠서 서운한 마음을 따지려고.

　③ 아빠를 생각하는 마음을 전하고, 함께 시간을 보내고 싶다는 뜻을 전하려고.

　④ 아빠에게 회사 이야기를 듣고 싶어서.

Week 16 일상생활 / 토

중고 플랫폼 상품 판매 게시글

아이 운동화 판매합니다.

뉴란지 아동용 운동화(사이즈 210)입니다.

실내 운동장에서 딱 한 번 신었고, 아이 발에 조금 작아서 내놓는 거라 거의 새것이에요.

운동화 밑창도 깨끗하고, 깔창도 원래 그대로 있어요.

아이가 파란색을 좋아해서 골랐는데 사이즈를 잘못 샀네요.

정가는 65,000원이었고 저는 25,000원에 올려요.

직거래는 라온초등학교 앞에서 가능하고 택배 원하시면 착불이에요.

꼭 필요하신 분만 연락 주세요!

---

1. 중고 플랫폼에서 이 글을 본 엄마가 한 반응으로 알맞은 것은 무엇인가요?

① 착불이면 25,000원만 필요하니 딱 좋다!

② 우리 아이 발 사이즈랑 맞는지 한번 확인해 봐야겠다.

③ 글쓴이가 어디 사는지 안 적혀 있어서 못 사겠네.

④ 중고 물건은 무조건 안 좋아, 관심 없어.

Week 36 일상생활

학급 시간표

시간	월	화	수	목	금
1교시	국어	수학	사회	국어	국어
2교시	수학	미술	음악	수학	미술
3교시	체육	국어	체육	과학	과학
4교시	사회	창체	국어	영어	영어
5교시		영어	영어	사회	

1. 이 시간표를 보아 잘못된 내용을 이야기한 친구는 누구인가요?

　① 현민: 아, 나는 영어가 싫은데 왜 4일이나 있는 거야!

　② 은호: 월요일하고 수요일이 제일 좋아! 체육을 하니까.

　③ 수지: 학교에서는 왜 국어를 많이 배우지 않을까?

Week 16 일상생활 / 월

온라인 서점 회원 리뷰

『꼬마 너구리의 용기』 – 읽고 나서 마음이 따뜻해졌어요.

처음엔 귀여운 그림이 좋아서 고른 책인데, 읽고 나니 마음이 몽글몽글해졌어요. 겁이 많던 꼬마 너구리가 친구를 위해 용기를 내는 장면에서 저도 같이 긴장됐어요. 특히 마지막에 너구리가 작지만 당당하게 "내가 지켜 줄게!"라고 말하는 장면에서 울컥했어요. 동생이랑 같이 읽었는데, 동생도 너구리처럼 용감해지고 싶다고 했어요. 그림도 예쁘고 읽고 나면 마음이 따뜻해지는 책이라 친구들에게도 꼭 추천하고 싶어요.

---

1. 이 글을 쓴 사람이 이 책을 친구들에게 추천하는 가장 큰 이유는 무엇인가요?

① 책에 무서운 장면이 많아서 흥미롭기 때문에

② 너구리가 용기를 내는 모습이 감동적이기 때문에

③ 그림이 복잡하고 내용이 어려워서 읽는 맛이 있기 때문에

Week 36 일상생활

미술관 그림 설명문

이 밝고 아름다운 해바라기 그림은 빈센트 반 고흐라는 화가가 그렸어요. 고흐는 노란색을 정말 좋아했고, 이 그림에 따뜻한 햇살과 해바라기의 활기찬 모습을 가득 담았답니다. 어떤 해바라기는 활짝 피어 있고, 어떤 해바라기는 고개를 숙이고 있어요. 그림에서 고흐의 뜨거운 마음을 느낄 수 있습니다.

빈센트 반 고흐, <해바라기>
(1888년 작, 캔버스에 유채)

---

1. 미술관에 간 지영이는 위 그림과 글을 읽었어요. 이 글을 통해 알 수 있는 사실은 무엇인가요?

① 빈센트 반 고흐는 해바라기를 좋아했다.

② 빈센트 반 고흐는 한국의 화가이다.

③ 고흐는 진한 초록색을 좋아했다.

작은 생쥐 또또의 모험

작은 생쥐 또또는 오늘 처음으로 치즈를 찾아 혼자 나섰다. 어두운 창고 안은 조용했고 또또는 꼬리를 꼿꼿이 세우고 조심조심 발을 옮겼다. 그런데 갑자기 무언가 스르륵 지나갔다. 또또는 깜짝 놀라 몸을 움츠렸지만 곧 깊은숨을 내쉬며 다시 발을 내디뎠다. 치즈 냄새가 점점 가까워지고 있었다.

1. 또또의 행동을 보면 어떤 성격을 가진 생쥐일까요?

① 겁이 많고 아무것도 하지 않으려는 생쥐

② 용감하고 스스로 해내려는 생쥐

③ 항상 친구들 뒤에 숨는 생쥐

④ 혼자 놀기를 좋아하는 게으른 생쥐

스마트폰이나 컴퓨터에 의존하면 기억력이 나빠질까요?

( )이란 스마트폰이나 컴퓨터 같은 전자기기에 정보를 저장하고 의존하는 습관 때문에 사람의 기억력이 점점 약해지는 현상을 말한다. 예전에는 가족의 전화번호 등과 같은 여러 정보를 외우고 다녔지만, 요즘은 모두 스마트폰이나 컴퓨터가 대신 기억해 준다. 물론 처음에는 편리하다고 느낄 수 있지만, 반복되면 뇌가 기억하려는 노력을 하지 않아 스스로 기억하는 능력이 점점 떨어질 수 있다. 실제로 어떤 사람은 스마트폰이 없으면 약속 장소나 시간, 심지어는 집 비밀번호조차 기억하지 못해 불편을 겪기도 한다. 전문가들은 디지털 기기의 도움을 적당히 이용하되, 중요한 정보는 직접 외우고 메모하는 습관을 기르는 것이 필요하다고 말한다.

---

1. 괄호 안에 들어갈 말로 알맞은 것을 찾으세요.
   ① 디지털 건망증   ② 디지털 기억증   ③ 디지털 독해력

2. 이 글의 중심 생각은 무엇인가요? 다음 문장 속 괄호를 채워 보세요.
   디지털 기기에 의존하면 기억력이 약해질 수 있으므로 중요한 정보는
   ( )이 필요하다.

Week 17 · 사회 (지리) · 화

우리나라에서 일어나는 자연재해는 어떤 것이 있을까요?

우리나라에서는 가끔 태풍, 홍수, 가뭄 같은 자연재해가 일어난다. 태풍이 오면 바람이 세게 불고 비가 많이 와서 나무가 쓰러지거나 집이 망가지기도 한다. 홍수는 비가 너무 많이 와서 강이 넘치고 마을이 물에 잠기는 것이다. 가뭄은 비가 오지 않아 논밭에 물이 부족해지는 상황이다. 사람들은 강이나 바닷물이 넘치지 않도록 막기 위해 흙이나 돌로 둑을 쌓는데, 이를 제방이라고 한다. 비가 많이 왔을 때 고인 물을 다른 곳으로 빼내 주는 시설인 배수 시설도 만든다. 또한 날씨를 미리 예보하여 위험한 상황을 피하도록 돕는다.

1. 제방의 뜻에 밑줄을 그으세요.
2. 배수 시설의 뜻에 밑줄을 그으세요.

Week 36 과학 (생물)

음식을 먹으면 우리 몸에 어떤 일이 일어나나요?

우리가 먹은 음식은 소화를 통해 우리 몸에 필요한 에너지와 영양분으로 바뀐다. 음식이 입을 통해 들어가면 먼저 위에서부터 소화가 시작된다. 위는 음식을 잘게 부수고, 소화액으로 음식을 분해한다. 분해된 음식은 소장으로 넘어가서 영양분을 흡수한다. 흡수하고 남은 찌꺼기는 대장을 통해 대변이 되어 몸 밖으로 나간다. 이렇게 소화 과정은 우리가 먹은 음식을 몸에 필요한 에너지와 영양분으로 바꿔 주는 중요한 역할을 한다.

---

1. 이 글의 중심 내용으로 알맞은 것은 무엇인가요?

① 우리가 먹은 음식은 소화를 통해 몸에 필요한 에너지와 영양분으로 바뀐다.

② 음식을 먹기 전에는 손을 씻어야 한다.

③ 위가 없으면 음식을 씹을 수 없다.

 Week 17 역사 (한국인물)

율곡 이이는 누구인가요?

율곡 이이는 조선 시대의 대표적인 학자이자 정치가이다. 어머니 신사임당의 가르침 아래 학문에 힘썼으며, 성리학을 깊이 연구하여 『격몽요결』, 『성학집요』 등의 책을 남기며 성리학이 발전하는 데 큰 공을 세웠다. 또한 당시 외적의 침입으로 위태한 상황이어서 10만 병의 군사를 훈련시켜야 한다는 '10만 양병설'을 주장하기도 했다. 그는 현실적인 나라 운영에도 적극 참여하여 백성이 살기 좋은 나라를 만들기 위해 애썼다.

---

1. 다음 중 율곡 이이에 대한 설명으로 틀린 것은 무엇인가요?

① 성리학을 연구했다.

② '10만 양병설'을 주장하며 나라를 지켜야 한다고 주장했다.

③ 다른 나라와의 관계만이 중요하다고 했다.

 Week 36 역사 (세계인물)

뉴턴은 누구인가요?

뉴턴은 영국의 과학자로, 세상이 움직이는 법칙을 발견했다. 그는 사과가 떨어지는 모습을 보고 '왜 물체는 아래로 떨어질까?'를 고민하다 만유인력의 법칙을 알아냈다. 또한 물체가 움직이거나 멈추는 이유를 설명하는 운동의 법칙도 발견해 정리했다. 뉴턴은 수학도 잘해서 미적분이라는 새로운 계산 방법을 만들기도 했다. 그의 책 『프린키피아』는 과학 역사에서 가장 중요한 책 중 하나이다. 이처럼 뉴턴은 세상을 숫자와 법칙으로 설명할 수 있다는 믿음을 주었고, 그가 발견한 것들은 현재 물리학의 기초가 되고 있다.

1. 모든 물체는 서로 끌어당기는 힘이 있어요. 이를 발견한 법칙을 무엇이라고 하는지 글에서 찾아 보세요.

온도계는 어떤 도구일까요?

온도계는 물체의 온도를 측정하는 도구이다. 온도계에는 크게 두 가지 종류가 있다. 수은 온도계와 디지털 온도계이다. 수은 온도계는 수은이 온도에 따라 부풀거나 줄어드는 것으로 온도를 나타낸다. 수은 온도계를 사용할 때는 먼저 온도계의 끝부분을 온도를 재려는 물체에 가까이 대거나 담근 다음 눈금을 정확하게 읽으면 된다. 디지털 온도계는 전자 센서를 사용하여 정확한 온도를 숫자로 표시해 준다.

1. 온도계의 두 가지 종류를 말해요.
2. 수은 온도계는 수은의 어떤 원리를 이용한 것인가요?

대통령은 누구이고 무슨 일을 하나요?

대통령은 국가를 대표하는 최고 지도자이다. 대통령은 국민이 뽑은 지도자로, 나라의 정책을 결정하고 법을 실행하는 일을 한다. 또한 다른 나라와 협력하거나 문제를 해결하는 외교, 나라를 지키는 일과 관련된 국방, 물건과 서비스의 생산 및 소비와 관련된 경제 등 여러 분야에서 중요한 일을 담당한다. 혹시 나라에 위험한 일이 생기면 비상사태를 선언하고 위기를 관리하는 일도 한다. 대한민국에서는 국민들이 5년마다 새로운 대통령을 뽑는다.

---

1. 이 글에서 가장 중요한 문장에 밑줄을 쳐요.

2. 이 글의 내용과 맞지 않는 것을 찾아요.

① 대통령은 정책 결정을 한다.

② 나라의 위기 담당은 국무총리이다.

③ 대한민국은 5년에 한 번 대통령을 뽑는다.

 Week 17 시사

랜섬웨어, 어떻게 대비해야 할까요?

랜섬웨어는 컴퓨터 바이러스의 한 종류이다. 사람들의 파일이나 사진, 문서를 잠가 버린 뒤 돈을 내라고 요구하는 나쁜 프로그램이다. 이는 도둑이 집에 들어와 문을 잠가 놓고 "문을 열고 싶으면 돈을 줘야 한다"라고 협박하는 것과 비슷하다. 한 번 걸리면 숙제 파일이나 가족사진 같은 소중한 자료를 사용할 수 없게 된다. 따라서 랜섬웨어를 막으려면 모르는 사람이 보낸 이메일이나 이상한 파일을 열지 않는 것이 중요하다. 또한 중요한 자료는 다른 곳에도 함께 저장해 두어야 안전하다.

---

1. 이 글에서 랜섬웨어를 막기 위해 해야 하는 행동이 아닌 것은 무엇인가요?

① 모르는 이메일은 열지 않는다.
② 소중한 자료는 다른 곳에 저장한다.
③ 숙제 파일을 계속 열어 본다.
④ 이상한 파일은 열지 않는다.

경비 아저씨께 보내는 편지

안녕하세요. 저는 303호에 사는 민채예요.

아침마다 항상 인사해 주셔서 감사해요.

어제는 비가 많이 왔는데도 젖은 우산을 말릴 수 있도록 문 옆에 신문지를 깔아 주셨더라고요.

그걸 보고 마음이 따뜻해졌어요.

며칠 전엔 제가 떨어뜨린 열쇠도 찾아서 문고리에 걸어 주셨죠.

엄마가 그러셨어요.

"경비 아저씨가 계셔서 우리 아파트가 안전하고 정이 넘치는 거야."

아저씨께 고맙다는 말을 꼭 전하고 싶었어요.

항상 건강하시고, 좋은 일만 가득하셨으면 좋겠어요.

– 민채 드림

---

1. 민채는 경비 아저씨의 어떤 행동에서 따뜻함을 느꼈나요? 한 가지를 골라 이유와 함께 말해요.

Week 17 일상생활

공원 이용 안내문

달빛숲 생태공원은 다양한 식물과 곤충, 그리고 조용한 산책길이 있는 자연 체험 공간입니다. 공원에 있는 생물들은 모두 소중한 생명이니 만지거나 훼손하지 말아 주세요. 산책로 외의 풀숲에는 들어가지 마시고, 쓰레기는 외부에서 버리고 들어오세요.

※ 반려동물은 입장할 수 없습니다.
※ 안내소는 입구 왼쪽에 있으며, 무료 해설은 오전 10시와 오후 2시에 진행됩니다.

---

1. 이 글을 읽고 수지 가족이 나눈 대화예요. 괄호 안에 들어갈 알맞은 단어를 생각해 보세요.

엄마: 아! 어쩌지. 못 들어가겠다. 우리 (　　) 디려왔잖아.

아빠: 그럼 나는 먼저 (　　) 데리고 집으로 갈 테니까 둘이 들어가.

수지: 엄마! 그럼 우리 여기에 (　　) 버리고 가요. 안에는 가지고 들어갈 수 없대요.

엄마: 그래, 지금 1시라서 (　　) 들으려면 서둘러야 해.

Week 35 일상생활

학교 급식표

월요일	흰쌀밥, 미역국, 돈가스, 오이무침, 배
화요일	잡곡밥, 된장찌개, 생선구이, 김치, 바나나
수요일	볶음밥, 유부된장국, 치킨너겟, 단무지, 사과
목요일	흰쌀밥, 북어국, 제육볶음, 콩나물무침, 오렌지
금요일	김밥, 소고기무국, 떡볶이, 단무지, 요구르트

1. 다음 중 급식표에 대한 설명으로 옳지 않은 것은 무엇인가요?

① 금요일에는 김밥과 떡볶이를 함께 먹을 수 있다.

② 월요일과 목요일에는 밥이 흰쌀밥으로 나온다.

③ 이번 주에는 국 종류가 매일 바뀐다.

④ 바나나는 목요일에만 나온다.

Week 17 일상생활

어린이 교통카드 사용 안내문

어린이 교통카드는 버스나 지하철을 탈 때 사용할 수 있는 전자 카드입니다. 카드를 단말기에 찍으면 자동으로 요금이 계산되며 일반 요금보다 할인된 어린이 금액이 적용됩니다. 교통카드는 미리 충전해 두어야 사용할 수 있으며 잔액이 부족하면 단말기에 빨간 불이 들어와 탈 수 없습니다. 분실 시에는 가까운 지하철 역사나 교통카드 홈페이지에서 신고하고 다시 발급받을 수 있습니다.

※ 어린이 교통카드 사용자는 반드시 '혼자 탈 수 있는 어린이'여야 하며, 어른의 카드로 어린이가 타는 것은 요금 규정 위반입니다.

---

1. 이 글에서 다음 뜻에 해당하는 단어를 각각 말해요.

원래 가격보다 싸게 해 주는 것:

남아 있는 돈의 양:

카드를 찍거나 계산할 수 있게 해 주는 기계:

물건을 잃어버리는 것:

서류나 카드를 만들어서 주는 것:

모두가 지켜야 하는 정해진 약속이나 규칙:

Week 35 일상생활

방학 계획표

김서준의 신나는 방학 계획표

월요일: 영어 공부(30분) / 줄넘기(10분)

화요일: 수학 공부(30분) / 그림 그리기(20분)

수요일: 독서(30분) / 만들기 활동(20분)

목요일: 영어 공부(30분) / 줄넘기(10분)

금요일: 수학 공부(30분) / 그림 그리기(20분)

토요일: 마음껏 놀기!

일요일: 마음껏 놀기!

(참고: 매일 아침 9시에 하루를 시작하고, 점심 식사는 매일 12시에 해요..)

---

1. 다음 중 김서준의 방학 생활과 맞지 않는 내용은 무엇인가요?

① 서준이는 주중에 영어 공부를 두 번 한다.

② 서준이는 만들기 활동을 하는 날에 수학도 공부한다.

③ 서준이는 주말에 공부하지 않는다.

④ 서준이는 아침 9시에 활동을 시작해 점심 전에 모든 활동을 끝낸다.

다람쥐 리루의 겨울 준비

다람쥐 리루는 겨울을 준비하며 도토리를 열심히 모았다.

비 오는 어느 날 굴로 달려가던 리루는 입구에서 비에 젖은 토끼를 발견했다.

리루는 토끼를 굴 안으로 데려가 도토리를 나누어 주었다.

조용한 굴 안은 함께 있는 둘의 마음처럼 따뜻해졌다.

---

1. 이 글에서 알 수 있는 리루의 성격으로 알맞은 것은 무엇인가요?

① 욕심이 많은 성격

② 겁이 많은 성격

③ 남을 잘 도와주는 성격

④ 혼자 있기를 좋아하는 성격

2. 리루는 왜 도토리를 토끼에게 나누어 주었을까요?

쓰레기를 줄이려면 어떤 것을 실천해야 할까요?

'제로웨이스트(Zero Waste)' 운동은 말 그대로 '쓰레기를 0으로 만들자'라는 뜻이다. 즉, 쓰레기를 최대한 줄이거나 재활용하면서 환경에 부담을 주지 않는 삶을 실천하자는 움직임이다.

우리가 매일 사용하는 일회용 컵이나 비닐봉지, 플라스틱 포장 등은 대부분 한 번 쓰고 버려진다. 이렇게 버려진 쓰레기들은 땅에 묻히거나 바다로 흘러가 생태계를 해치고, 미세플라스틱처럼 다시 우리 몸으로 돌아오기도 한다. 제로웨이스트는 이런 문제를 막기 위해 '필요한 만큼만 쓰고, 쓸 수 있는 건 오래 쓰자'는 생각에서 출발한다.

예를 들어, 장바구니를 들고 다니거나 텀블러를 사용하고, 샴푸나 세제를 리필해서 쓰는 것도 제로웨이스트 실천이다. 또한 포장이 없는 물건을 사거나 재활용이 쉬운 소재를 고르는 것도 작은 실천이 된다.

1. 이 글을 쓴 사람은 제로웨이스트 운동을 통해 독자에게 어떤 행동을 바라는 것일까요?

2. 이 글에 나오지 않는 제로웨이스트 예시를 생각해 보세요.

Week 18 사회 (경제)

물건을 만들거나 다른 것과 바꾸는 것을 무엇이라고 할까요?

생산이란 어떤 물건이나 서비스를 만들어 내는 과정이다. 사람들은 자연의 자원이나 인간의 노동력, 기술 등을 사용해 상품을 만들거나 서비스를 제공한다. 예를 들어 농부가 밭에서 농작물을 기르거나 공장에서 자동차를 만드는 과정 모두 생산이다.

교환은 생산된 물건이나 서비스를 다른 물건 또는 서비스와 바꾸는 과정이다. 사람들은 생산한 물건을 다른 사람들과 교환하기 위해 (   )에서 거래한다. 예를 들면 농부가 기른 농산물을 시장에서 팔고, 그 대가로 돈을 받거나 다른 물건을 받는 것이다.

1. 이 글은 무엇에 대해 설명하는 글인가요? 핵심어 2개에 동그라미 친 후 말해요.

2. 괄호에 들어갈 알맞은 용어는 무엇인가요?
① 가정   ② 학교   ③ 시장

 **Week 35** 과학 (생물)

우리 몸의 여러 부분을 알아 보아요.

우리 몸은 여러 부분이 모여서 하나의 큰 시스템을 이룬다. 먼저, 뼈는 우리 몸의 뼈대가 되어 몸을 지탱한다. 뼈는 단단하고 강해서 몸을 보호하고, 우리 몸이 움직일 수 있도록 돕는다. 그 위에 있는 근육은 뼈를 움직이게 한다. 우리는 근육 덕분에 걷거나 뛰고 손을 뻗을 수 있다. 피부는 우리 몸의 외부를 보호하며 체온을 따뜻하게 유지하는 중요한 역할을 한다. 그 안에는 여러 장기가 있으며 각각의 장기는 중요한 일을 한다. 예를 들어 심장은 혈액을 온몸에 보내고, 폐는 우리가 숨 쉴 수 있게 한다.

1. 이 글의 내용과 다른 것을 찾으세요.

① 뼈는 우리 몸을 지탱하고 보호한다.

② 근육이 뼈를 움직이게 하여 우리가 움직일 수 있다.

③ 피부는 우리 몸을 따뜻하게 유지해 주는 역할을 한다.

④ 폐는 혈액을 온몸에 보내는 역할을 한다.

Week 18 역사 (한국인물)

이순신은 누구인가요?

이순신은 임진왜란 당시 앞장서서 조선 수군을 이끈 훌륭한 장군이다. 그는 뛰어난 전략과 용맹함으로 왜군을 물리치고 나라를 구했다. 거북선을 비롯한 뛰어난 배를 만들어 한산도 대첩, 명량 해전 등 수많은 해전에서 승리하여 조선 수군이 강하다는 것을 보여 주었다. 무엇보다 적은 수의 군사로 수많은 일본 군사를 물리쳤던 전술이 지금까지도 놀라움을 자아내고 있다. 그는 안타깝게도 임진왜란의 마지막 전쟁인 노량해전에서 전사하고 말았다.

---

1. 이 글에서 밑줄 친 단어와 바꾸어 쓰기에 가장 적절한 말은 무엇인가요?

① 군사　　　　② 왜적　　　　③ 사람들

2. '수많은 해전에서 승리하여'에서 '해전'의 뜻은 무엇인가요?

① 육지에서의 싸움

② 바다에서의 싸움

③ 사람과의 싸움

 Week 35 역사 (세계인물)

갈릴레이는 누구인가요?

갈릴레이는 이탈리아의 과학자이자 천문학자이다. 그는 망원경을 사용해 별과 행성을 관찰했고, 지구가 태양 주위를 돈다는 증거를 제시했다. 당시에는 지구가 우주의 중심이라는 생각이 강했기 때문에 그의 주장은 큰 논란이 되었다. 갈릴레이는 물체가 떨어지는 속도를 실험하며 운동 법칙을 연구하기도 했고, 과학적인 관찰과 실험의 중요성을 늘 강조했다. 하지만 이런 그의 생각이 교회의 가르침과 다르다는 이유로 재판을 받고 오랫동안 감시 속에서 살아야 했다. 갈릴레이가 세상을 떠나고 한참 후에야 사람들은 그의 주장이 맞았다는 것을 인정했다.

---

1. 글의 내용과 다른 것을 찾으세요.

① 갈릴레이는 망원경을 사용해 별과 행성을 관찰했다.

② 갈릴레이는 지구가 태양 주위를 돈다고 주장했다.

③ 갈릴레이는 교회의 가르침을 따라 지구가 중심이라고 말했다.

④ 갈릴레이는 물체가 떨어지는 속도에 대해 실험했다.

 **Week 18** 과학 (물리)

열은 어떻게 이동할까요?

열이 이동하는 방법에는 크게 세 가지가 있다. ( ), ( ), ( )이다. 첫째, 전도는 고체에서 열이 이동하는 방법이다. 차가운 금속 숟가락을 뜨거운 물에 넣으면 잠시 후에 숟가락 끝부분이 뜨거워진다. 둘째, 대류는 액체나 기체에서 열이 이동하는 방법이다. 난로 옆에 앉으면 몸이 따뜻해지는 것도 대류 때문이다. 셋째, 복사는 열이 공기나 물 없이도 이동하는 방법이다. 태양의 열이 지구에 도달하는 방식이 복사다. 열은 이렇게 다양한 방법으로 이동하며, 우리는 이러한 현상들을 일상에서 자주 경험한다.

1. 괄호 안에 들어갈 세 개의 단어를 차례로 쓰세요.

공정무역이란 무엇인가요?

공정무역은 물건을 만든 사람이 정당한 값을 받을 수 있도록 도와주는 거래 방법이다. 어떤 나라에서는 어린아이들이 힘든 일을 하면서도 돈을 거의 받지 못하는 경우가 있다. 이런 것을 막기 위해 공정무역이 생겼다. 예를 들어 우리가 마시는 초콜릿이나 커피도 어떤 나라의 농부들이 열심히 만든 것이다. 공정무역 상품은 그것을 만든 농부들에게 알맞은 값을 주어 더 나은 삶을 살 수 있게 돕는다. 공정무역 마크가 붙은 물건을 고르면 좋은 소비를 하는 것이고, 세상도 조금 더 평등해진다.

1. 이 글을 가장 바람직한 태도를 보인 친구는 누구인가요?

① 민호는 초콜릿을 고를 때 가장 싼 것만 찾는다.

② 수진이는 초콜릿을 살 때 포장만 예쁜 걸 고른다.

③ 지우는 공정무역 마크가 붙은 초콜릿을 보고 그걸 골랐다.

④ 준서는 초콜릿이 어디서 만들어졌는지 관심이 없다.

AI로 그린 그림이 저작권을 침해할 수 있을까요?

최근 인공지능(AI) 기술이 발전하면서 유명 애니메이션풍의 그림을 그려 주는 서비스가 큰 인기를 얻고 있다. 하지만 이와 동시에 저작권 침해에 대한 논란도 뜨겁게 일고 있다. AI가 특정 애니메이션 스타일을 학습하여 그림을 그려 주는 과정에서 원래 그 스타일을 만든 원작자의 저작권을 침해한다는 우려가 커진 것이다. 이 AI를 개발한 회사와 저작권자는 서로 다른 입장을 보이고 있다. AI 회사는 그림의 분위기만 따라 한 것이라 괜찮다고 하지만, 원작자는 자신의 스타일을 함부로 사용하여 이익을 얻는 것이므로 저작권 침해라고 주장한다. AI가 점점 더 발전하면 앞으로 이런 문제가 계속될 것으로 보인다.

---

1. 이 글을 읽은 아이들의 반응입니다. 적절한 반응을 한 친구는 누구인가요?

① 지수 : 나도 AI를 활용해 그림을 그려달라고 했는데 마음에 안 들어.
② 정우 : 저작권 침해라면 AI 회사가 좀 생각해 보아야 하는 것 같아.
③ 은후 : 와! 나는 내가 좋아하는 화가 스타일로 그려달라고 해야겠다!

반려동물에게 보내는 편지

토리야, 잘 지내고 있니?
우리 집 마당에 아직도 네가 누웠던 자리가 그대로야.
오늘은 네가 좋아하던 간식을 엄마가 정리하다가 울컥했어.
나는 괜찮다고 했지만 사실 지금도 가끔 네 이름을 혼자 불러 본단다.
예전처럼 산책하러 가는 데 목줄을 챙기기도 해.
그러다 네가 없다는 걸 떠올리면 다시 마음이 뚝 바닥으로 떨어져.
그래도 지금은 너랑 함께했던 시간이 참 고맙고 따뜻하게 느껴져.
하늘에서 나를 보고 있다면 꼬리 한번 흔들어 줘.
– 너를 많이 그리워하는 언니가

---

1. '나는 괜찮다고 했지만 사실 지금도 가끔 네 이름을 혼자 불러 본단다'라는 문장에서 느껴지는 글쓴이의 마음은 무엇인가요?

강아지를 잃은 슬픔을 겉으로는 숨기지만, (   )는 뜻이다.

 **Week 18** 일상생활

버스 정류장 노선도

101번: 달빛마을 → 중앙시장 → 시청 → 연못공원

202번: 달빛마을 → 동물원 앞 → 과학관 → 도서관

301번: 달빛마을 → 화수초등학교 → 한빛병원 → 체육센터

운행 시간: 평일 오전 6시 반~저녁 10시 / 주말 으전 8시~저녁 8시
배차 간격: 약 15분
질서 예절: 차례로 줄 서기, 내리는 사람 먼저, 선 안에서 기다리기

1. 토요일 아침 7시 30분에 도서관에 가려고 202번 버스를 기다리던 민재는 버스가 오지 않아 당황했어요. 민자가 놓친 중요한 정보는 무엇인가요?

 **Week 34 일상생활**

김밥집 영수증

[사랑 김밥]

주소: 경기도 고양시 마음구 중앙로 123 사랑빌딩 101호

주문 번호: 007   날짜: 2026년 1월 20일(화)   시간: 12:35

품목	단가	수량	금액
참치김밥	4,500원	1개	4,500원
치즈김밥	4,000원	1개	4,000원
라볶이	6,000원	1개	6,000원
콜라	2,000원	1개	2,000원
총 합계			16,500원
결제 금액			16,500원

---

1. 위 영수증의 내용과 어울리지 않는 것을 찾으세요.

① 민지는 오늘 혼자 분식점에서 점심을 먹었다.

② 수정이는 마음구 중앙로에 있는 학원에서 수업을 마치고 친구들과 분식을 먹었다.

③ 분식을 먹다 보니 느끼해서 콜라를 주문해 먹었다.

Week 18 일상생활

지하철 환승 안내문

서울 지하철 환승 안내 – 서울역 기준

서울역은 1호선과 4호선이 만나는 환승역입니다. 1호선은 청량리에서 인천 방면, 4호선은 당고개에서 사당 방면으로 운행됩니다. 1호선에서 4호선으로 환승하는 구간에는 계단과 에스컬레이터가 함께 설치되어 있으며, 걷는 데 약 4~6분 정도 소요됩니다.

※ 4호선 사당 방면에서 1호선 인천 방면으로 갈아탈 경우, 중간에 긴 복도와 경사로가 있어 시간이 더 걸릴 수 있습니다.

---

1. 4호선 사당 방면에서 타고 온 민수는 1호선 인천 방면으로 환승해야 해요. 민수가 지켜야 할 올바른 행동을 모두 골라 보세요.

ㄱ. 환승 구간에서 간식을 먹으며 쉬다가 이동한다.
ㄴ. 노란 선을 벗어나 빠른 길로 이동한다.
ㄷ. 긴 복도와 경사로가 있다는 점을 고려해 서두른다.
ㄹ. 계단이나 에스컬레이터 중 자신에게 맞는 이동 수단을 선택한다.

① ㄱ, ㄷ   ② ㄷ, ㄹ   ③ ㄴ, ㄹ   ④ ㄷ

Week 34 일상생활

천 원권 지폐

---

1. 앞면에 그려진 것들로 알맞게 이어진 것을 찾아 보세요.

① 김정호, 명륜당, 목화

② 이황, 명륜당, 매화

③ 김시습, 오죽헌, 매화

2. 뒷면에 그려진 그림은 정선이라는 화가의 〈계상정거도〉입니다. 이 그림은 무엇에 해당할까요?

① 인물화　　　　② 풍경화　　　　③ 정물화

친구의 생일 파티에 초대된 고슴도치

고슴도치는 친구인 토끼의 생일 초대장을 받았지만 고민이 많았다. 예전에 자신의 가시에 찔렸던 토끼가 혹시나 또 다칠까 봐 걱정됐기 때문이다. 고슴도치는 생일 파티에 가기로 마음먹고, 작은 배낭에 부드러운 스카프를 챙겼다. 토끼의 생일날, 고슴도치는 스카프를 몸에 감고 토끼를 조심조심 안아 주었다. 토끼가 웃으며 말했다. "이젠 하나도 안 아파!"

---

1. 고슴도치가 스카프를 챙긴 이유는 무엇인가요?

2. 이 글에서 알 수 있는 고슴도치의 태도로 가장 알맞은 것은 무엇인가요?

　① 걱정이 많아 아무 데도 가지 않는 태도

　② 실수를 잊고 똑같이 행동하는 태도

　③ 친구를 배려하고 스스로 방법을 찾는 태도

　④ 친구를 멀리하는 조심스러운 태도

 Week 34 시사

사람들은 왜 반려돌을 키울까요?

요즘은 반려동물 대신 반려돌을 키우는 사람들이 늘고 있다. 반려돌은 말 그대로 '돌'을 친구처럼 돌보는 것이다. 돌에게 이름을 붙여 주고, 작은 침대나 집을 만들어 주거나 옷을 입히는 사람도 있다. 어떤 사람은 반려돌과 함께 산책하거나 대화를 나누기도 한다.

반려돌을 키우는 이유는 다양하다. 키우는 데 돈이 거의 들지 않고, 먹이를 주거나 씻기는 등의 일을 할 필요가 없어 손이 많이 가지 않기 때문이다. 또한 돌은 절대 말을 하지 않기 때문에 아무 말 없이 들어 주는 친구처럼 느껴지기도 한다.

스트레스를 줄이고 외로움을 달래기 위해 반려돌을 키우는 사람도 많다. 실제로 반려돌을 키운 뒤 마음이 편해졌다는 후기들도 있다.

이처럼 반려돌은 더 이상 단순한 돌이 아니라 사람들의 마음을 위로해 주고 혼자 있는 시간을 특별하게 만들어 주는 소중한 존재이다.

---

1. 반려돌은 단순한 돌이 아니라 어떤 존재로 여겨지나요? 정답을 글에서 찾아 한 문장으로 말해 보세요.

우리는 왜 돈을 사용할까요?

우리는 물건을 살 때마다 돈을 낸다. 가게에서 과자를 사거나, 문방구에서 연필을 살 때도 돈이 필요하다. 돈은 사람들이 서로 물건이나 서비스를 주고받을 때 쓰는 약속 같은 것이다. 옛날에는 돈이 없어서 쌀 한 자루를 주고 생선으로 바꾸거나, 옷을 주고 물건을 바꾸는 식으로 살았다. 하지만 그렇게 하면 값이 정확하지 않고 불편했다. 그래서 사람들은 돈을 만들었다. 돈은 종이로 된 지폐나 금속으로 된 동전으로 만들기도 하고 요즘은 카드나 휴대전화로도 결제한다. 돈이 있으면 필요한 물건을 살 수 있고 아플 때 병원에 갈 수도 있으며, 친구에게 줄 선물을 살 수도 있다. 이처럼 돈은 사람들이 생활을 편하게 하는 데 아주 중요하다.

1. 이 글에서 '물물교환'에 해당하는 내용을 찾아 밑줄을 그어요.

Week 34　과학 (환경)

환경을 보호하는 것이 왜 중요할까요?

환경 오염은 생물에게 매우 큰 영향을 미친다. 공기나 물이 오염되면 그 안에 사는 동물이나 식물이 영향을 받는다. 예를 들어, 공기 중에 오염된 물질이 많으면 동물이 호흡을 제대로 할 수 없고 식물도 제대로 자라지 못한다. 물이 오염되면 물속에 사는 물고기나 다른 생물이 살아가기 어려워진다. 또한 토양이 오염되면 식물이 영양분을 제대로 흡수하지 못해 자라지 못할 수 있다. 환경 오염은 결국 우리가 사는 지구를 아프게 만들며, 우리와 다른 생물들의 생존에도 큰 위협이 된다. 따라서 환경을 보호하는 것은 매우 중요하다.

1. 환경을 보호하는 것이 중요한 이유에 밑줄을 치세요.

Week 19 역사 (한국인물)

박지원은 누구인가요?

박지원은 조선 시대 후반의 유명한 학자이다. 그는 당시 지배층이었던 양반들의 세상을 비판하고 백성들의 생활에 도움을 주기 위해 새로운 생각을 펼쳤다. 박지원은 『양반전』, 『허생전』 같은 재미있는 이야기를 통해 당시 사회의 문제점을 사람들에게 알렸다. 또한 청나라의 발전된 문물을 배우고 받아들여 조선 사회를 발전시켜야 한다고 주장했다. 그는 청나라를 여행하고 쓴 『열하일기』라는 책을 통해 청나라의 발전된 기술과 문화를 소개하면서, 조선 사회가 어떻게 발전해야 할지 이야기했다. 『열하일기』는 단순히 여행 경험만 기록한 책이 아니라 조선 사회의 발전을 위한 박지원의 여러 고민과 생각을 담은 책이다.

1. 이 글을 통해 알 수 있는 사실을 모두 찾으세요.

① 박지원은 소설을 썼다.

② 박지원은 조선의 발전에 대해 고민했다.

③ 박지원은 아내와 청나라 여행을 했다.

Week 34 역사 (세계인물)

마젤란은 누구인가요?

마젤란은 포르투갈 출신의 탐험가이다. 그는 서쪽으로 계속 가면 지구를 한 바퀴 돌아서 다시 처음 출발한 곳으로 올 수 있다고 생각했다. 그래서 스페인의 도움을 받아 여러 척의 배를 이끌고 나섰다. 그는 항해 도중 큰 바다와 낯선 섬들을 지나며 많은 어려움을 겪었고, 결국 필리핀에서 전투 중 목숨을 잃었다. 하지만 그의 부하들은 끝까지 항해를 마쳐 처음으로 지구를 한 바퀴 도는 데 성공했다. 이런 마젤란의 항해로 인해 지구가 둥글다는 것이 실제로 증명되었다. 또한 세계 여러 지역이 서로 연결되어 있다는 것도 알 수 있었다.

1. 마젤란이 목숨을 잃었는데도 불구하고 그의 항해가 성공한 이유는 무엇인가요?

Week 19 과학 (물리)

어떤 물질이 전기를 잘 통하게 할까요?

도체와 부도체는 물질이 전기를 잘 통하게 하는지 아닌지에 따라 구분한다. 도체는 전기를 잘 통하게 하는 물질이다. (   ), 금속은 도체에 속한다. 구리, 알루미늄, 철 같은 금속은 전기를 잘 전달하기 때문에 전선에 많이 사용된다. 우리가 집에서 사용하는 전기 제품들은 대부분 도체를 통해 전기가 흐른다.

(   ), 부도체는 전기를 잘 통하지 않게 하는 물질이다. 예를 들어 고무, 나무, 플라스틱 등이 부도체에 속한다. 이런 물질들은 전기를 막아 전기가 사람에게 흐르는 것을 방지해 준다. (   ) 전선의 겉 부분을 고무나 플라스틱으로 감싸면 전기가 새지 않는 것이다.

이처럼 도체는 전기를 잘 흐르게 하고 부도체는 전기가 흐르지 않게 하는 역할을 한다.

---

1. 괄호 안에 들어갈 연결어가 순서대로 잘 짝지어진 것을 고르세요.

① 예를 들어 – 하지만 – 그런데
② 물론 – 반면 – 그래서
③ 예를 들어 – 반면 – 그래서

다른 사람을 위해 돈을 쓰는 건 어떨까요?

돈은 나를 위해 쓰는 것도 중요하지만, 다른 사람을 위해 쓰는 것도 좋다. 어려운 사람을 돕기 위해 물건이나 돈을 주는 것을 기부라고 한다. 예를 들어 가난한 친구를 위해 따뜻한 옷을 보내 주거나, 내가 아끼던 책을 나눌 수도 있다. 꼭 큰돈이 아니어도 된다. 동전 몇 개라도 마음이 담겨 있다면 큰 도움이 된다. 기부는 받는 사람을 기쁘게 하고 주는 사람의 마음도 따뜻하게 만든다. 이처럼 나눔은 작은 실천이지만 세상을 더 아름답게 만드는 큰 힘이 있다.

1. 이 글에서 '나눔'과 비슷하게 쓰인 단어는 무엇인가요?

부모들이 아이의 사진을 SNS에 올려도 되나요?

부모들이 아이의 사진을 SNS에 올리는 '셰어런팅'이 계속되고 있다. 셰어런팅은 아이의 귀여운 모습이나 특별한 순간을 다른 사람들과 함께 나누는 즐거움을 주지만, 여기에는 숨겨진 위험도 있다. (①) 아이의 정보가 나쁜 사람들에게 알려질 수 있다는 것, 아이가 원하지 않는 사진이 올라갈 수 있다는 것 등이다. (②) 전문가들은 아이 사진을 올리기 전에 먼저 당사자의 의견을 물어보고 아이의 개인 정보가 드러나지 않게 조심해야 한다고 당부한다. 또한 아이의 미래를 위해 셰어런팅 자체를 신중히 생각해야 한다고 말한다.

---

1. ①번에 들어갈 단어로 알맞은 것은 무엇인가요?

① 그래서 ② 예를 들어

2. ②번에 들어갈 단어로 알맞은 것은 무엇인가요?

① 그러나 ② 이러한 이유로

Week 34 국어 (편지글)

친구에게 보내는 편지

하윤아, 잘 지내?

너 없는 자리가 아직 익숙하지 않아.

오늘도 급식을 먹었는데 네가 좋아하던 미트볼이 나왔어.

괜히 네 쟁반을 한 번 더 바라보게 되더라.

운동장에서도 네가 항상 뛰던 자리가 텅 빈 것처럼 느껴졌어.

다른 애들이랑 놀아도 뭔가 하나 빠진 기분이야.

다음 주에는 네가 다니는 학교에 편지를 보내려고 해.

답장 꼭 줘야 해. 기다릴게!

세빈이가.

---

1. 이 편지를 쓴 세빈이의 마음을 가장 잘 나타낸 것은 무엇인가요?

① 전학 간 하윤이가 부러워서

② 하윤이가 없는 생활이 아직 익숙하지 않고, 보고 싶어서

③ 하윤이에게 학교 소식을 자세히 알려 주기 위해

④ 새로운 친구와 친해진 걸 자랑하려고

 **Week 19** 일상생활

공항 탑승 수속 안내문

① 탑승 수속 안내

　탑승 수속은 3층에서 진행됩니다.

　항공사별 카운터를 확인해 주세요.

② 출국장 입장 안내

　출국장 입장은 항공편 출발 3시간 전부터 가능합니다.

③ 위험 물품 반입 금지

　가위, 칼, 스프레이 등은 기내 반입이 제한됩니다.

---

1. 정우는 2시 30분 비행기를 타야 해요. 정우가 출국장에 들어갈 수 있는 가장 이른 시간은 언제인가요?

　① 오전 10시 30분

　② 오전 11시 30분

　③ 오전 9시 30분

 Week 33 일상생활

오천 원권 지폐

1. 앞면에 그려진 사람은 누구인가요?

　① 퇴계 이황　　② 충무공 이순신　　③ 율곡 이이

2. 뒷면의 그림은 무엇인가요?

　① 신사임당의 초충도　　② 김홍도의 서당　　③ 고흐의 해바라기

 **Week 19** 일상생활

공항 수하물 찾기 안내문

[수하물 찾기 안내 – 인천국제공항 제1터미널]

비행기에서 내리면 안내판을 따라 수하물 수취 구역으로 이동하세요. 탑승권에 적힌 항공편 번호를 확인하고, 안내 전광판에 표시된 벨트 번호를 따라 가방을 찾습니다.

수하물 벨트에서 나오는 가방이 본인 것과 비슷할 수 있으니, 이름표 또는 고유 표시를 꼭 확인하세요.

※ 수하물을 대신 받아 주는 것은 금지되어 있으며, 자신의 짐만 직접 찾아야 합니다.

※ 캐리어 손잡이나 바퀴가 파손된 경우, 도착 즉시 분실·파손 신고서를 작성해 주세요.

---

1. 다음 중 이 안내문을 읽고 지켜야 할 올바른 행동을 모두 고르세요.

ㄱ. 친구의 가방도 함께 찾아서 먼저 들고 나온다.

ㄴ. 비슷하게 생긴 가방의 이름표를 확인해 보고 가져간다.

ㄷ. 가방 바퀴가 부러졌지만 집에 가서 나중에 신고한다.

ㄹ. 전광판에서 벨트 번호를 확인하고 해당 수취 구역으로 이동한다.

 **Week 33** 일상생활

오만 원권 지폐

---

1. 위 지폐와 관련된 다음 내용의 괄호를 채워 보세요.

앞면에는 율곡 이이의 어머니인 (　　　　)이 그려져 있다.

이 지폐는 (　　　　)권이다.

뒷면에는 어몽룡의 월매도와 이정의 풍족도, 즉 조선의 (　　　　)들이 그려져 있다.

Week 20 국어 (이야기글)

지우가 받은 선물

지우는 반 친구에게서 예쁜 연필을 선물 받았다. 하지만 집에 돌아와 보니, 똑같은 연필이 이미 서랍 속에 있었다.

'이걸 그냥 돌려줘야 하나? 아니면 받은 걸 그대로 둘까?'

며칠 고민하던 지우는 마음을 정하고 친구에게 조심스럽게 말했다.

"선물 정말 고마워. 근데 나 이 연필 이미 갖고 있었어. 혹시 다른 걸로 바꿔 줄 수 있을까?"

친구는 웃으며 고개를 끄덕였다.

"물론이지, 말해 줘서 고마워!"

---

1. 지우가 며칠 동안 고민한 이유는 무엇인가요?

2. 지우의 행동에서 알 수 있는 성격으로 알맞은 것은 무엇인가요?

① 정직하고 용기 있는 성격

② 욕심 많고 고집 센 성격

③ 조용하고 말이 없는 성격

④ 부끄러움이 많고 도망가는 성격

슬로 패션이 무엇인가요?

최근 환경과 지속 가능성을 고려하는 슬로 패션이 사람들의 관심을 받고 있다. 슬로 패션은 옷을 만들고 구입하고 입는 전 과정에서 환경에 나쁜 영향을 주는 요소를 최소화하고, 오랫동안 입을 수 있는 옷을 소비하는 것을 말한다. 따라서 슬로 패션은 환경 보호에도 큰 도움이 된다. 일단 자주 사지 않아도 되기 때문에 옷을 만들 때 나오는 폐기물과 탄소 배출량을 줄일 수 있다. 소비자들이 오래 입을 옷을 고르거나 고쳐 입고, 안 입은 옷은 기증하는 등의 행동을 잘 실천한다면 슬로 패션을 통해 지속 가능한 미래가 펼쳐질 것이다.

---

1. 슬로 패션이 환경에 도움이 되는 이유는 무엇인가요?

① 옷을 예쁘게 만들기 때문이다.

② 옷을 자주 버리지 않기 때문이다.

③ 다양한 색깔의 옷을 살 수 있기 때문이다.

④ 옷을 싸게 팔기 때문이다.

2. 글쓴이가 이 글을 쓴 목적은 무엇인가요?

슬로 패션의 (   )과 (   )을 알려 주려고.

어른들은 아침에 일찍 일어나서 일하러 간다. 어떤 사람은 학교 선생님으로 일하고 어떤 사람은 병원에서 일하며 어떤 사람은 빵을 굽거나 택배를 배달한다. 사람들이 이렇게 일을 하는 이유는 바로 돈을 벌기 위해서이다. 일을 하면 돈을 받을 수 있고 그 돈으로 가족이 먹을 음식을 사거나 집세를 낼 수 있다. 하지만 일은 단지 돈을 벌기 위한 것만은 아니다. 사람들은 자기가 잘하는 일을 하면서 다른 사람을 도와주기도 한다. 선생님은 아이들에게 공부를 가르치고 버스 운전기사는 사람들을 안전하게 목적지에 데려다준다.

1. 이 글 제목으로 가장 어울리는 것을 찾아 보세요.

　① 버스 기사는 어떤 일을 할까?

　② 돈이 중요한 이유

　③ 사람들이 일하는 이유

Week 33 과학(생물)

동물들은 왜 겨울잠을 잘까요?

겨울잠은 동물들이 추운 겨울을 보내기 위해 길게 자는 잠을 뜻한다. 겨울에는 날씨가 춥고 먹이가 부족해지기 때문에 일부 동물들은 몸의 움직임을 줄이고 깊은 잠을 오래 자면서 에너지를 아낀다. 겨울잠을 자는 동안에는 몸의 온도와 심장 박동이 느려지고, 숨도 천천히 쉰다. 대표적으로 곰, 개구리, 뱀 같은 동물들이다. 이들은 겨울이 오기 전 미리 먹이를 많이 먹어서 몸에 지방을 저장해 둔다. 겨울잠은 동물들이 살아남기 위한 지혜로운 방법이다.

1. 이 글에서 말하는 겨울잠과 같은 의미의 단어는 무엇인가요?

① 숙면　　　② 동면　　　③ 선잠

김홍도는 누구인가요?

김홍도는 조선 후기의 유명한 화가로, 1745년경에 태어나 1806년경에 세상을 떠났다. 김홍도는 그림을 매우 잘 그렸으며, 특히 조선 사람들의 일상생활을 그린 풍속화로 유명하다. 그는 어릴 때부터 그림에 재능을 보이다가 20대에 임금의 초상화를 그리는 등 뛰어난 실력을 인정받아 다양한 그림을 그렸다. 산수화, 인물화, 풍속화 등 못 그리는 것이 없었고 특히 서민들의 생활 모습을 익살스럽고 재미있게 그려낸 것으로 유명하다. '씨름', '서당', '기와 잇기' 등 그의 풍속화는 조선 시대 사람들의 삶을 생생하게 보여 준다. 김홍도는 그림을 통해 당시 사람들의 생활 모습과 문화를 알리는 중요한 역할을 했다.

---

1. 이 글을 보아 김홍도에게 어울리는 말이 담긴 문장은 무엇인가요?

① 서민의 삶을 담아낸 화가 김홍도

② 조선의 과학과 예술을 지킨 화가 김홍도

③ 조선의 국방을 튼튼히 한 김홍도

레오나르도 다빈치는 누구인가요?

레오나르도 다빈치는 이탈리아의 천재 예술가이자 과학자로, 르네상스 시대의 대표적인 인물이다. 그는 〈모나리자〉와 〈최후의 만찬〉 같은 유명한 그림을 그렸고, 사람의 몸 구조와 자연을 깊이 연구했다. 또한 발명, 수학, 해부학, 천문학 등 여러 분야에서 뛰어난 능력을 보였다. 다빈치는 새처럼 날 수 있는 기계도 그림으로 그리는 등 그의 노트에는 상상력이 가득한 그림과 생각이 담겨 있다. 그는 늘 궁금한 것이 많아 항상 탐구하고 실험하면서 예술과 과학이 함께 어울릴 수 있다는 것을 보여 주었다.

1. 이 글의 내용으로 보아 다빈치는 어떤 성격의 사람일까요?
  ① 궁금한 것이 많고 끈기 있게 연구하는 사람
  ② 남이 시키는 일만 하는 사람
  ③ 조용히 그림만 그리는 사람

물체의 운동은 어떤 방법으로 나타낼까요?

물체의 운동은 그 물체가 시간에 따라 어떻게 움직이는지를 나타내는 것이다. 운동을 나타내기 위해서는 두 가지 중요한 요소가 필요하다. 바로 (   )와 (   )이다. 위치는 물체가 어디에 있는지를 나타내고 시간은 그 위치가 얼마나 빠르게 변화하는지를 나타낸다. 예를 들어, 자동차가 일정한 속도로 도로를 달리면 그 자동차의 위치는 시간에 따라 계속 변화한다. 이 변화를 눈으로 보이게 나타내려면 속도나 속력과 같은 개념을 사용하여 정확하게 표현하면 된다.

---

1. 괄호 안에 들어갈 단어를 순서대로 말해요.

Week 33 사회 (경제)

연필은 어떤 과정을 거쳐 우리 손에 들어올까요?

우리가 사용하는 물건은 한 번에 완성되지 않는다. 대부분 여러 단계의 과정을 거쳐 우리 손에 온다. 예를 들어 연필을 만들려면 나무를 자르고, 공장에서 깎고, 안에 심을 넣고, 겉을 칠하고, 포장을 해야 한다. 이렇게 만든 연필은 트럭에 실려 문구점으로 가고 우리가 산다. 이처럼 물건 하나에도 많은 사람의 손길이 닿는다. 나무를 자르는 사람, 공장에서 일하는 사람, 운반하는 사람, 판매하는 사람 모두가 필요하다. 우리는 이 과정을 떠올리며 모든 물건을 소중히 여겨야 한다.

1. 물건 하나를 만드는 데 어떤 사람들의 손길이 필요하다고 했는지 찾아 밑줄을 그으세요.

반려동물을 키우면 어떤 점이 좋을까요?

최근에 반려 동물을 키우는 가정이 많아지고 있다. 반려동물과 함께 하는 삶은 우리에게 깊은 행복과 풍요로움을 준다. 반려동물은 조건 없는 사랑을 주며 우리의 삶에 활력을 불어넣어 주고 정신 건강에도 긍정적 영향을 미친다. 규칙적 산책이나 놀이를 통해 활동량을 늘려 주어 우리 신체 건강에도 도움을 준다. 이로 인해 반려 동물 시장도 점점 커지고 있다. 다만 그만큼 책임감이 필요하기 때문에 반려동물을 입양할 때에는 신중히 생각해야 한다.

1. 반려동물이 우리에게 주는 긍정적인 영향 두 가지를 말해요.

 Week 33 국어 (편지글)

엄마께 보내는 편지

오늘은 학교에서 아픈 친구를 도와줬어요.

체육 시간에 민재가 넘어져서 무릎이 까졌는데,

제가 손수건을 꺼내 닦아 주었어요.

민재는 "고마워." 하면서 웃었어요.

예전에 엄마가 말했잖아요.

'친구가 힘들 때 먼저 다가가는 사람이 멋진 사람'이라고요.

그 말이 생각나서 용기를 냈어요.

엄마가 이 이야기를 들으면 기뻐할 것 같아요.

집에 가면 꼭 안아 주세요!

- 사랑하는 딸, 하은이가

---

1. 이 편지에서 하은이가 가장 전하고 싶은 말은 무엇인가요?

① 민재가 다쳐서 속상했다는 이야기

② 체육 시간에 무슨 일이 있었는지 자세한 설명

③ 엄마가 해 준 말을 기억하고 실천했다는 이야기

④ 손수건이 더러워졌다는 걱정

 **Week 20** 일상생활

국제선과 국내선의 다른 점

공항에는 '국제선'과 '국내선'이 있다. 국제선은 다른 나라로 가는 비행기이고, 국내선은 같은 나라 안에서 이동할 때 이용하는 비행기이다. 국제선을 탈 때는 여권이 꼭 필요하며, 출국 심사를 받아야 한다. 반면 국내선을 이용할 때는 신분증만 있으면 되고, 출국 심사는 따로 받지 않는다. 한국 안에서 제주도나 부산처럼 먼 곳으로 갈 때 주로 탄다. 공항에서도 두 노선은 탑승 절차나 시간, 짐 검사 기준이 다를 수 있다. 국제선은 출발 2시간 전까지는 도착하는 것이 좋고, 액체나 전자기기 반입 제한도 더 까다롭다. 국내선은 비교적 절차가 간단해 출발 1시간 전에 도착해도 되는 경우가 많다.

---

1. 이 글의 내용을 가장 잘 요약한 문장은 무엇인가요?

① 공항에서는 항상 출국 심사를 받아야 하고, 국제선은 더 비싸다.

② 국제선과 국내선은 탑승 절차, 시간, 준비물 등이 다르다.

③ 국내선보다 국제선이 사람을 더 많이 태운다

 **Week 32** 일상생활

만 원권 지폐

---

1. 위 지폐를 보고 잘못된 말을 한 친구는 누구인가요?

① 성준: 세종대왕이 그려져 있으니 왠지 든든해!

② 서연: 뒷면에 혼천의, 천상열차분야지도, 보현산 천문대 망원경 등 멋진 그림이 있구나!

③ 현진: 점자가 있는 것을 보니 시각장애인도 얼마인지 알 수 있어서 좋을 것 같아.

④ 성진: 지폐를 만들고 인쇄하는 곳은 한국은행이래.

 **Week 20** 일상생활

도로 표지판

---

1. 현재 이 고속도로를 달리고 있는 운전자가 고양시 일산으로 가려면 어떻게 해야 할까요?

① 계속 직진해야 한다.

② 1차선으로 가야 한다.

③ 오른쪽 방향으로 빠져나가야 한다.

2. 이 표지판을 통해 알 수 있는 사실로 가장 알맞은 것은 무엇인가요?

① 인천과 김포공항은 서로 다른 방향에 있다.

② 세 목적지 중 고양·일산 방향만 진행 방향이 다르다.

③ 이 도로는 고양으로만 갈 수 있고, 다른 도시로 연결되지 않는다.

 **Week 32** 일상생활

온라인 뉴스 채널 댓글

제목: 드디어! 은행나무 공원에 새 놀이기구가 설치되었어요!

은행나무 공원에 어린이들이 좋아할 만한 새 놀이기구가 설치되었다는 소식입니다. 안전 점검을 마치는 대로 다음 주 월요일부터 이용할 수 있습니다.

ID: 공원지킴이

와~ 드디어 설치되는군요! 우리 아이가 매일 언제 생기냐고 물어봤는데, 정말 반가운 소식이에요. 다음 주 월요일이 너무 기다려져요!

ID: 놀이터대장

어른 놀이기구가 없는 어린이 공원은 의미가 없어요!

ID: 진실탐정

또 세금 낭비하는 거 아니야? 전에 있던 놀이기구도 멀쩡했는데 왜 철거하고 새로 만드는지 이해가 안 가네. 공원도 다 없애!

---

1. 위 댓글 내용 중 가장 바람직한 반응을 보인 사람은 누구인가요?

두근두근 민호의 첫 발표

민호는 신발 끈을 세 번이나 다시 묶었다. 무대 뒤 커튼 사이로 친구들이 앉아 있는 교실이 보였다. 모두 조용히 입을 다문 채 앞을 바라보고 있었다. 민호는 뱃속에서 무언가가 둥둥 떠다니는 것처럼 불편했다.

"괜찮아, 연습 많이 했잖아?"

민호는 가슴을 톡톡 치고 무대 한가운데로 천천히 걸어 나갔다. 마이크 앞에 서자 강한 불빛이 눈을 찔렀다. 순간 머릿속이 하얘졌다. 하지만 친구들이 보였다. 엄마가 어제 아침에 해 준 말도 떠올랐다.

'실수해도 괜찮아. 네가 용기 낸 그 자체가 멋진 거야.'

민호는 숨을 크게 들이쉬고 조심스럽게 첫 문장을 말했다. 목소리는 떨렸지만 점점 또박또박해졌다.

---

1. 다음 중 민호의 태도 변화를 가장 잘 보여 주는 문장은 무엇인가요?

① 민호는 신발 끈을 세 번이나 다시 묶었다.

② 민호는 가슴을 톡톡 치고 무대 한가운데로 천천히 걸어 나갔다.

③ 마이크 앞에 서자 강한 불빛이 눈을 찔렀다.

④ 민호는 숨을 크게 들이쉬고 조심스럽게 첫 문장을 말했다.

퀵커머스가 무엇인가요?

최근 여러 업체에서 '퀵커머스' 시장에 진출하고 있다. 퀵커머스(Quick Commerce)란 말 그대로 '빠른 상거래'를 뜻한다. 물건을 온라인으로 주문하면 1시간 안팎, 심지어 15분 안에도 배달해 주는 서비스이다. 주로 편의점 상품, 간단한 식료품, 배달 음식, 생필품 같은 것들을 빠르게 배달해 주기 때문에 이제는 마트에 직접 가지 않고도 집에서 편하게 물건을 받아볼 수 있다. 대표적인 퀵커머스 서비스로는 쿠팡이츠 마트, 배민 B마트, 컬리 등이 있다. 특히 신선 식품이나 생필품처럼 빨리 받아보고 싶은 상품을 사람들이 많이 구매하면서 퀵커머스 시장도 계속 커지고 있다.

1. 이 글을 읽고 어울리는 반응을 한 사람은 누구인가요?

① 시후: 우리 엄마도 저녁 식사를 위해 퀵커머스를 이용해 보셨어.

② 은수: 마트에 직접 가는 건 바보 같은 행동이야.

③ 소희: 세상이 참 이상하게 흘러가는 것 같아.

물건은 왜 비싸거나 싼 걸까요?

우리가 물건을 살 때 어떤 것은 싸고, 어떤 것은 비싸다. 왜 같은 과일인데도 계절마다 값이 다를까? 그것은 바로 수요와 공급이라는 경제 원리 때문이다. 수요는 사고 싶어 하는 사람의 수를 말하고, 공급은 물건을 파는 양을 뜻한다. 사고 싶어 하는 사람이 많으면 물건의 값이 올라가고, 반대로 사려는 사람이 적으면 물건의 값이 내려간다. 또, 물건이 너무 많으면 싸지고, 반대로 물건이 귀하면 비싸진다.(   ) 수박은 여름에 많이 나올 때 값이 싸다. 하지만 겨울에는 수박을 키우기도 어렵고 찾는 사람도 적어서 값이 비싸다. 장난감도 유행하는 시기에는 사고 싶은 사람이 많아져서 값이 올라가기도 한다.

---

1. 이 글에서 가장 중요한 단어 두 가지는 무엇인가요?

　　① 수박, 가격　　② 물건, 수박　　③ 수요, 공급

2. 괄호 안에 들어갈 연결어로 알맞은 것은 무엇인가요?

　　① 그리고　　② 예를 들어　　③ 왜냐하면

다양한 환경의 동물은 어떻게 살아갈까요?

(　　　　　　　　　　　　　　) 사막에 사는 동물은 물을 아껴 쓰는 능력이 뛰어나다. 낙타는 물을 오랫동안 저장할 수 있는 몸을 가지고 있어 사막의 더운 날씨에서도 살아갈 수 있다. 북극에 사는 북극곰은 두꺼운 털과 지방층 덕분에 추운 환경에서도 체온을 유지할 수 있다. 펭귄은 바닷속에서 헤엄을 잘 치기 위해 날개가 짧고 단단하며, 서로 몸을 붙여 체온을 유지한다. 나무 위에서 사는 나무늘보는 긴 팔과 날카로운 발톱을 가지고 있어 나뭇가지를 잘 잡고 천천히 움직일 수 있다.

---

1. 괄호 안에 들어갈 중심 문장을 골라 보세요.

① 동물은 자신의 특성을 사랑한다.

② 동물은 자신을 지키며 살아간다.

③ 동물은 자신이 살고 있는 환경에 적응하여 살아간다.

Week 21 역사 (한국인물)

정약용은 누구인가요?

정약용은 조선 후기의 유명한 실학자이다. 어릴 때부터 학문에 뛰어난 재능을 보인 그는 과거 시험에 합격하여 벼슬길에 올랐지만, 당파 싸움에 휘말려 오랫동안 유배 생활을 했다. 유배 기간 동안 정약용은 공부에 더욱 힘쓰면서 『목민심서』, 『경세유표』, 『흠흠신서』 등 많은 책을 썼다. 그는 거중기라는 기계를 발명하여 수원 화성을 짓는 데 큰 도움을 주었다. 거중기는 무거운 물건을 쉽게 들어 올리는 데 사용하는 기계이다. 이처럼 정약용은 백성들의 어려움을 해결하고 나라를 발전시키는 데 크게 기여한 인물이다.

1. 다음은 이 글을 요약한 것입니다. 괄호 안에 어울리는 말은 무엇인가요?

정약용은 조선 후기의 (　　　　)로, 뛰어난 학문적 재능으로 백성과 사회에 도움이 되는 업적을 남긴 사람이다. 유배 생활 중에도 많은 책을 썼고 (　　　　)를 발명해 수원 화성 건설에 도음을 주었다.

Week 32 　역사 (세계인물)

콜럼버스는 누구인가요?

콜럼버스는 새로운 땅을 찾아 항해한 이탈리아 출신의 탐험가이다. 그는 지구가 둥글다고 생각하고 계속 서쪽으로 가면 인도에 도착할 수 있다고 믿었다. 그래서 스페인의 도움을 받아 배를 타고 긴 항해를 떠났고, 1492년에 지금의 아메리카 대륙에 도착했다. 콜럼버스는 그곳이 아시아라고 생각했지만, 사실 그곳은 유럽 사람들이 몰랐던 새로운 땅이었다. 이를 계기로 유럽과 아메리카 사이에 많은 교류가 시작되었다. 콜럼버스로 인해 유럽 역사에는 큰 변화가 일어났지만 원래 그곳에 살던 원주민들은 큰 고통을 겪었다.

1. 다음에 해당하는 단어를 글에서 찾아 보세요.

　　배를 타고 바다 위를 멀리멀리 여행하는 것:

　　바다로 나뉘어 있는 아주 큰 땅덩어리:

　　그 지역에 아주 오래전부터 살고 있던 사람들:

신비로운 동물의 한살이를 알아 보아요.

동물의 한살이는 태어나서 자라고, 새끼를 낳고, 죽는 과정을 말한다. 개구리는 알에서 깨어나 올챙이가 되고 점점 다리가 자라 개구리가 된다. 나비는 알에서 애벌레로 자란 뒤 번데기를 거쳐 아름다운 나비가 된다. 모든 동물은 저마다 특별한 방법으로 한살이를 이어 간다. 한살이를 통해 생명은 계속 이어지고 자연은 균형을 유지한다. 동물의 한살이를 보면 자연의 신비로움을 느낄 수 있다.

1. 이 글에서 가장 중심이 되는 단어는 무엇인가요?

2. 개구리의 한살이와 관련된 단어를 순서대로 3개 말하세요.

가게는 무엇을 하는 곳인가요?

가게는 사람들이 물건을 살 수 있는 곳이다. 슈퍼마켓, 문구점, 떡볶이 가게, 서점 등 우리 주변에는 다양한 가게가 있다. 가게 주인은 물건을 진열해 놓고 손님이 올 때마다 친절하게 설명하고, 손님이 물건을 고르면 값을 받고 거스름돈을 준다. 어떤 가게는 직접 만든 물건을 팔기도 하고, 어떤 가게는 다른 곳에서 가져온 물건을 판다. 가게가 있으면 사람들은 필요한 물건을 가까운 곳에서 쉽게 살 수 있다. 또한 가게는 단순히 물건만 파는 곳이 아니라 동네 사람들과 소통하는 따뜻한 공간이기도 하다.

1. 어떤 가게는 직접 만든 물건을 팔기도 한다고 했어요. 이와 반대되는 가게의 특징은 무엇인가요?

어떻게 하면 지구 온난화를 늦출 수 있을까요?

최근 지구 온난화 문제가 심각해지면서 '탄소 발자국'에 대한 관심이 높아지고 있다. 탄소 발자국은 우리의 일상생활과 여러 물건을 만드는 등의 산업 활동에서 생기는 온실가스, 특히 이산화탄소의 전체 양을 뜻한다. 마치 걸어간 길에 발자국이 남듯이 우리의 활동이 지구에 남기는 탄소 배출량을 보여 주는 것이다. 탄소 발자국을 줄여야 지구 온난화를 늦출 수 있다. 일상생활에서 에너지를 절약하고 대중교통을 이용하는 것, 친환경 제품을 사용하는 것 등 탄소 발자국을 줄일 수 있는 방법은 많다. 물건을 만드는 회사도 탄소가 덜 나오도록 연구하여 만들어야 한다.

1. 다음 중 이 글을 쓴 목적에 가장 알맞은 것은 무엇인가요?

　① 탄소 발자국을 계산하는 방법을 설명하려고.
　② 지구 온난화의 원인을 비판하려고.
　③ 탄소 발자국의 의미와 줄이는 방법을 알리려고.
　④ 대중교통의 중요성을 강조하려고.

할머니께 보내는 편지

할머니, 안녕하세요? 저예요. 요즘 날씨가 많이 쌀쌀해졌어요. 할머니는 감기 걸리지 않게 따뜻하게 입고 계시죠? 저도 잘 지내고 있어요. 지난번에 할머니가 보내 주신 손뜨개 목도리를 학교에 매고 갔는데, 친구들이 정말 예쁘다고 칭찬해서 하루 종일 기분이 좋았어요. 정성이 담긴 선물 감사해요. 그리고 할머니, 요즘 친할머니가 편찮으셔서 엄마 아빠가 돌보시느라 바쁘세요. 저도 걱정이 되고요. 할머니도 식사 잘하시고 아프지 마세요. 또 편지 쓸게요.

- -

1. 편지 내용을 보아 편지를 받는 할머니가 외할머니라는 것을 알 수 있는 부분에 밑줄을 그으세요.

2. 이 편지를 쓴 목적을 두 가지 찾아 보세요.

① 할머니댁에 놀러 가려고.

② 할머니께 감사 인사를 드리려고.

③ 할머니께 안부를 여쭈려고.

④ 할아버지가 걱정되어서.

 **Week 21** 일상생활

휴게소 표지판

---

1. 이 표지판을 통해 알 수 있는 것은 무엇인가요?

　① 이곳에는 식당과 주유소만 있고, 다른 시설은 없다.

　② 이 휴게소에는 음식을 먹고, 물건을 사고, 기름을 넣고, 쉴 수 있는 공간이 있다.

　③ 휴게소에서는 주차만 가능하고 다른 서비스는 제공되지 않는다.

2. 고속도로를 달리던 가족이 배가 고프고 자동차 기름도 부족하다면, 이 표지판을 보고 어떤 결정을 내릴 수 있을까요?

　① 이 휴게소에는 음식점과 주유소가 있으니 들르면 좋겠다.

　② 이곳에서는 기름을 넣을 수 없으니 다음 휴게소까지 가야 한다.

　③ 휴게소에 주차장이 없기 때문에 이용이 불가능하다.

Week 31 일상생활

주스 병 제품 설명서

비타팡팡 오렌지 주스
햇살을 머금은 오렌지의 상큼함 그대로!
우리 아이 건강 간식, 비타팡팡!

용량: 180ml
원재료: 오렌지 농축액 100%(오렌지 100%)
영양 정보 (100ml 기준):
열량 45kcal, 탄수화물 11g, 당류 10g
보관 방법: 직사광선을 피해 서늘한 곳에 보관
제조원: ㈜과일나라
고객 문의: 080-333-4444

---

1. 다음 뜻에 해당하는 단어를 글에서 찾아 보세요.

액체 상태의 식품에서 수분을 증발시켜 건더기의 함량을 높인 것:

우리가 음식을 먹었을 때 몸속에서 에너지로 사용되는 양:

햇빛이 직접 내리쬐는 것:

Week 21 일상생활

어린이 보호구역 표지판

---

1. 이 표지판이 설치된 장소에서 운전자가 가장 중요하게 지켜야 할 행동은 무엇인가요?

① 속도를 줄이고, 주변에 어린이가 있는지 주의 깊게 살핀다.

② 빠르게 통과해 어린이와 부딪히지 않도록 한다.

③ 표지판을 무시하고 다른 차만 보고 운전한다

2. 이 표지판은 어떤 목적을 가지고 설치된 것일까요?

① 어린이들이 길을 건너지 못하게 하려고.

② 운전자에게 어린이 보호구역이라는 사실을 알려 주고, 조심하라는 경고를 주기 위해.

③ 차가 빨리 지나갈 수 있도록 안내하려고.

Week 31 일상생활

방송국 견학 안내문

채널 4 TV 방송국 견학 프로그램

날짜: 2026년 1월 10일(토)   **시간**: 오후 2시 ~ 오후 4시
장소: 채널 4 스튜디오(회의실 203호에서 집결)
내용: 뉴스 스튜디오, 더빙실 견학, 아나운서와 Q&A 시간
준비물: 개인 이어폰(더빙실 체험 시 필요), 필기도구
참가비: 5,000원(현장 납부)   **문의**: 교육팀 02-9876-5432

---

1. 지수와 민준이의 대화에서 안내문의 내용과 다른 부분을 찾으세요.

① 지수: 민준아, 우리 다음 주 화요일에 방송국 견학 가는 거 기억나?

② 민준: 응, 기억나! 난 아나운서 만나는 게 제일 기대돼.

③ 지수: 나도! 이어폰은 꼭 가져가야 한다고 했고…. 필기도구도 필요했던 것 같아.

④ 민준: 맞아. 아, 그리고 참가비가 5,000원인데, 현장에서 내야 한대. 근데 어디로 가지?

⑤ 지수: 안내문에 스튜디오 입구라고 쓰여 있었던 것 같은데?

윤재의 새로운 주말

주말 아침 윤재는 침대에 누운 채 눈을 감고 있었다. 거실에서는 엄마가 청소기를 돌리고 책상을 정리하는 소리가 들렸다. 이불 속이 따뜻하긴 했지만 윤재는 엄마가 조용히 내쉰 한숨을 듣고는 더 이상 누워 있을 수 없었다. 윤재는 일어나 슬리퍼를 신고 거실로 나갔다.

"엄마, 내가 청소기 밀게."

엄마는 깜짝 놀라며 웃었다.

"웬일이야?"

윤재는 어깨를 으쓱하며 청소기를 들고 조용히 밀기 시작했다.

1. 엄마가 한숨을 내쉰 이유는 무엇인가요?

당일 배송을 하는 회사들은 어디가 있을까요?

최근 대한민국 유통업계에서는 당일 배송 전쟁이 뜨겁게 달아오르고 있다. 과거에는 물건을 주문하면 다음 날 도착하는 익일 배송이 일반적이었던 것이, 이제는 오늘 주문하면 바로 오늘 도착하는 당일 배송 서비스가 소비자들에게 당연한 것이 되고 있다.

네이버는 오전 11시까지 주문 시 당일 도착을 보장하는 '오늘 배송' 서비스를 강화했고, SSG닷컴은 '쓱 배송'을 통해 당일 배송 및 지정일 배송 서비스를 제공하고 있다. G마켓은 '스타 배송'을 통해 주말 당일 배송 서비스를 제공하며, 11번가는 '슈팅 배송'을 통해 수도권 지역에만 주말 당일 배송 서비스를 제공하고 있다. 이마트는 배달의민족과 협력하여 1시간 내 배송 서비스를 제공한다. 최근 다이소도 '오늘 배송' 서비스를 시범 운영하며 이 시장에 뛰어들었다.

1. 익일 배송이란 무엇인가요?
2. 1번 문제로 보아 '익월'은 어떤 뜻일까요?

돈을 모으는 것은 왜 중요할까요?

(   )이란 지금 가진 돈을 다 쓰지 않고 아껴서 모아 두는 것이다. 우리는 가끔 용돈을 받으면 통장에 넣어 두기도 한다. 이렇게 저축을 하면 갑자기 돈이 필요할 때 쓸 수 있고, 나중에 더 큰 물건을 살 수 있는 기회를 만들 수도 있다. 예를 들어, 매일 과자를 사 먹지 않고 조금씩 모으다 보면 생일에 내가 갖고 싶은 장난감을 살 수 있다. 또한 은행에 저축을 하면 돈을 안전하게 보관할 수 있고 이자도 함께 받을 수 있다. 즉, 저축을 잘하면 미래를 준비할 수 있는 것이다. 그래서 어릴 때부터 저축하는 습관을 들이면 좋다.

1. 괄호 안에 들어갈 단어를 글에서 찾아 보세요.

Week 31 과학 (생물)

곤충을 잡아먹는 식물이 있다고요?

식충식물은 곤충을 잡아먹는 식물이다. 식물은 보통 뿌리를 통해 흙 속의 영양분을 흡수하지만, 식충식물은 사는 곳의 흙에 영양분이 부족해서 대신 곤충을 잡아먹으며 영양을 보충한다. 파리지옥은 잎으로 벌레를 잡는 대표적인 식충식물이다. 벌레가 잎 안에 들어오면 잎을 빠르게 닫아 벌레를 가두고, 소화액으로 벌레를 분해해 양분을 흡수한다. 끈적한 액체로 벌레를 붙잡는 끈끈이주걱 같은 식물도 있다. 식충식물은 신기한 방법으로 살아가는 특별한 식물이다.

1. 이 글에서 다음 뜻을 가진 단어를 찾아 보세요.

복잡한 것을 잘게 나누는 것 :

식물이나 동물이 살아가는 데 필요한 영양 성분 :

김정호는 누구인가요?

김정호는 조선 후기의 지리학자이자 지도 제작자이다. 그는 우리나라의 지리와 지도에 깊은 관심을 가지고 평생을 바쳐 지도를 만드는 데 힘썼다. 그리고 오랜 노력 끝에 우리나라 전체를 그린 '대동여지도'를 완성했다. 대동여지도는 백성들이 길을 찾거나 농사를 짓는 데 큰 도움을 주었다. 또한 나라에서 세금을 거두거나 군대를 이동시키는 일 등에 다양한 용도로 사용되었다. 그의 지도와 책은 오늘날에도 우리나라의 옛 지리와 역사를 연구하는 데 중요한 자료가 된다.

1. 김정호가 만든 '대동여지도'는 무엇에 도움을 주었는지 모두 찾으세요.

① 백성들이 길을 찾거나 농사를 짓는 데

② 나라의 세금을 거두는 데

③ 군대를 이동시키는 데

잔 다르크는 누구인가요?

잔 다르크는 프랑스의 평범한 시골 소녀로, 나라를 구한 영웅이기도 하다. 당시 프랑스는 잉글랜드와 전쟁을 하면서 나라가 점점 약해지고 있었다. 잔 다르크는 어릴 때부터 하늘의 목소리를 들었다고 믿고 자신이 프랑스를 구해야 한다고 생각했다. 그래서 병사가 아니었는데도 전쟁터에 나가 싸우기 시작했고, 사람들은 그녀를 보고 큰 용기를 얻었다. 특히 오를레앙 전투에서 큰 승리를 거두어 샤를 7세가 왕위에 오르는 데 큰 역할을 했다. 하지만 나중에는 적에게 붙잡혀 마녀와 이단자라는 죄로 억울하게 죽임을 당했다. 시간이 흐른 뒤 사람들은 그녀의 용기와 믿음을 인정했고, 지금도 프랑스의 국민 영웅으로 남아 있다.

1. 잔 다르크가 살던 때 프랑스의 상황은 어떠했나요?
2. 잔 다르크의 업적(훌륭히 해낸 일)은 무엇인가요?

나비는 태어나서 어떻게 자랄까요?

나비의 한살이는 알, 애벌레, 번데기, 어른나비의 순서로 이루어진다. 나비는 처음에 잎 위에 아주 작은 알을 낳는다. 알에서 깨어난 애벌레는 잎을 먹으며 몸집을 키우고 여러 번 허물을 벗는다. 애벌레가 충분히 자라면 안전한 곳에 자리를 잡고 번데기가 된다. 나비는 번데기 안에서 몸이 크게 변하면서 날개와 다리가 자라게 된다. 마침내 번데기에서 어른나비가 나오면 꽃을 찾아다니며 꿀을 먹고 다른 꽃에 수분을 도와준다.

---

1. 이 글에서 '꽃가루가 암술에 옮겨져 식물이 씨를 만들 수 있게 되는 과정'을 뜻하는 단어를 찾아 보세요.

2. 이 글의 제목을 지어 보세요.

무역은 무엇이고 왜 하는 걸까요?

무역은 나라와 나라 사이에서 물건을 사고파는 것이다. 우리나라에서 만든 물건을 외국에 보내기도 하고, 외국에서 만든 물건을 우리나라로 가져오기도 한다. 우리나라는 자동차, 휴대전화, 옷 등을 외국에 팔고 바나나, 커피, 초콜릿 같은 것을 외국에서 들여온다. 무역을 통해 우리나라에 없는 물건을 살 수 있고, 우리가 잘 만드는 물건을 외국에 알릴 수도 있다. 무역을 할 때는 배나 비행기로 물건을 실어 나른다. 무역을 통해 나라끼리 서로 도우며 살아가는 것이 오늘날 세계의 모습이다.

1. '무역'의 뜻에 밑줄을 치고 소리 내어 읽어 보세요.

2. 왜 우리나라는 바나나, 커피, 초콜릿을 외국에서 들여 올까요?

Week 22 시사

설탕이 많이 들어간 음료를 나라에서 규제할 수 있나요?

최근 전 세계적으로 비만과 당뇨병 등의 건강 문제가 심각해지면서 설탕이 많이 들어간 음료에 세금을 매기는 '소다세'를 받아들이는 나라가 많아지고 있다. 멕시코는 2014년 소다세를 시작한 이후로 탄산음료를 소비하는 양이 줄었다고 한다. 영국도 2018년 소다세를 시작해 설탕이 많이 들어간 음료의 소비를 줄이는 데 성공했다. 이로 인해 음료를 만드는 회사들도 설탕을 덜 넣기 시작하는 좋은 결과를 낳았다. 미국 일부 도시에서도 소다세의 효과를 보고 있어 다른 도시에서도 시작할지를 의논 중이다. 태국, 필리핀, 말레이시아 등 아시아 국가들 또한 소다세를 시작해 국민의 건강이 나아지도록 노력하고 있다.

---

1. 소다세를 시행하는 나라의 이름을 찾아 동그라미 치세요.

2. 다음 중 이 글을 바탕으로 짐작할 수 있는 내용은 무엇인가요?
① 소다세를 도입하면 음료 회사들이 제품 성분을 바꿀 수 있다.
② 소다세를 도입한 나라는 모두 당뇨병 환자가 사라졌다.
③ 소다세를 내면 음료 가격이 내려간다.
④ 설탕이 들어 있지 않은 음료도 소다세를 낸다.

신비한 우체통

호진이는 요즘 밤마다 잠이 잘 오지 않았다. 말하지 못한 걱정들이 마음속에 자꾸 맴돌았기 때문이다. 그러던 어느 날 밤, 골목에 이상한 우체통이 빛나는 걸 발견했다. 조심스레 열어 보니 그 안에서 '루모'라는 작은 존재가 나와 말로 하지 못한 마음을 편지로 써서 넣으면 달로 보내 준다고 했다. 호진이는 친구에게 하지 못했던 말, 가족에게 전하지 못했던 마음, 스스로에게 해 주고 싶은 말까지 천천히 적어 우체통에 넣었다. 시간이 지나자 호진이의 마음은 점점 가벼워졌다. 그 우체통은 어느 날 사라졌지만 호진이의 마음속에는 따뜻한 달빛이 늘 남아 있었다.

---

1. 이 글에서 알 수 있는 중심 내용은 무엇인가요?

① 호진이가 밤하늘을 관찰하게 된 이야기

② 호진이가 편지를 쓰며 마음을 다스리게 된 이야기

③ 호진이가 우체국에서 일하게 된 이야기

 **Week 22** 일상생활

차량 속도 안내 표지판

- -

1. 이 표지판의 의미를 가장 정확하게 설명한 것은 무엇인가요?

① 차량은 이 표지판이 있는 곳에서 30km 이상 속도를 내야 한다.

② 이 표지판은 30명이 지나갈 수 있는 횡단보도를 의미한다.

③ 차량은 이 구간에서 30km/h를 넘지 않도록 주의해야 한다.

2. 이 표지판이 주로 설치되는 장소로 가장 알맞은 곳은 어디인가요?

① 고속도로 한가운데

② 어린이 보호구역이나 주택가 주변

③ 차가 없는 공터

 **Week 30** 일상생활

길거리 홍보 현수막

동네 어린이 축제에 놀러 오세요!

- 날짜: 2025년 11월 23일(일)
- 시간: 오전 10시 ~ 오후 4시
- 장소: 은행나무 공원

- 풍선 나눔, 페이스페인팅, 어린이 장터 등
- 참가비 없음! 누구나 참여 가능!

※ 문의: 동네문화센터 010-1234-5678

---

1. 서우는 오늘 어린이 축제에 갔다가 일기를 썼어요. 잘못된 부분을 찾아 보세요.

오늘 축제가 있었다. 넓은 공원이라서 너무 좋았다. 우리 집에서 가까운 공원이다. 가자마자 페이스페인팅을 했는데 너무 귀여웠다. 엄마도 귀엽다고 해 주셨다. 게다가 풍선을 나누어 주셔서 들고 돌아다녔는데 다른 아이들도 하나씩 들고 있어서 서로 웃었다. 참가비가 비쌀 것 같았는데 엄마가 데려다주셔서 너무 감사했다.

 **Week 22 일상생활**

우체국 창구 업무 시간 안내문

대한민국 모든 우체국은 다음과 같이 운영됩니다.

평일(월~금): 오전 9시 ~ 오후 6시
토요일, 일요일 및 공휴일: 휴무

※ 일반 우편, 등기, 소포, 택배 접수는 업무 시간 내에만 가능합니다.
※ 무인우편기와 우편함은 24시간 이용 가능합니다.
※ 국제우편은 마감 시간이 지역마다 다를 수 있으므로, 창구 직원에게 미리 확인해 주세요.

---

1. 이 내용을 가장 정확히 이해한 사람은 누구인가요?
 ① 민지: 우리 토요일 오전에 우체국 가서 택배 보내자. 그땐 사람도 별로 없을 거야!
 ② 수현: 나는 밤 10시에 무인우편기로 소포를 보내려고 해.
 ③ 지훈: 국제우편을 보낼 건데, 마감 시간이 있으니까 창구 직원한테 먼저 물어보는 게 좋겠지?

 **Week 30** 일상생활

기차 티켓 안내문

열차 종류: KTX

출발역: 서울역

도착역: 부산역

출발 시간: 2025년 12월 11일 (목) 오후 3:30

도착 예정 시간: 오후 6:10

플랫폼: 7번 승강장

좌석 번호: 7호차 12A, 12B

승차 인원: 성인 1명, 어린이 1명

요금: 59,800원(성인), 29,900원(어린이)

---

1. 유진이는 누구와 이 기차를 타는 것일까요?

　① 8살 동생　　② 강아지　　③ 아빠

2. '승강장'은 무슨 뜻인가요?

　① 기차표를 구입하는 곳

　② 기차나 지하철을 타고 내리는 곳

준영이는 종이에 쓴 자신의 공약을 다시 펼쳐 읽어 보았다. 손바닥은 땀으로 젖었고 목소리도 평소보다 작아질 것 같았다. 친구들은 발표하는 후보들의 말에 웃기도 하고 박수도 쳤지만 준영이는 어쩐지 조용했다.

'나 같은 애가 뭘 잘할 수 있지?'

그런 생각이 계속해서 머릿속을 맴돌았다.

드디어 준영이의 이름이 불렸다.

준영이는 앞에 나가 깊게 숨을 한 번 들이쉬고 입을 열었다.

"전, 제가 빛나기보다 먼저 친구들을 빛내는 반장이 되고 싶습니다."

그 순간, 뒤쪽에서 박수 소리가 울려 퍼졌다.

---

1. 이 글의 제목으로 어울리는 것은 무엇인가요?

① 반장이 되었다 ② 우리 반 이야기

③ 반장 선거 ④ 준영이와 친구들

기후 문제로 사는 곳을 떠나는 일도 있을까요?

지구 온난화가 심각해지면서 기후 난민이 많이 생기고 있다. 기후 난민은 지구 온난화로 인해 생기는 심각한 자연재해, 해수면 상승, 가뭄, 홍수 등으로 인해 살 곳을 잃고 다른 지역으로 이동하는 사람들을 말한다. 특히 해수면이 상승해 땅이 물에 잠기고 있는 태평양의 작은 섬나라들은 주민들이 당장 살 곳을 잃을 위기에 처해 있다.

기후 난민 문제는 단순히 특정 지역의 문제가 아니라 전 세계적인 문제이다. 그래서 여러 나라가 관심을 가지고 해결 방법에 대해 생각해 보아야 한다. 무엇보다 온실가스 배출을 줄이고 친환경 에너지를 사용하는 등 지구 환경을 보호하기 위해 국제적인 차원에서 서로 힘을 모아야 한다.

1. 이 글의 핵심어(가장 중요한 단어)는 무엇인가요?
2. 그렇게 생각한 이유는 무엇인가요?

필요한 것과 원하는 것은 얼마나 다를까요?

우리는 매일 어떤 물건을 쓰면서 살아간다. 하지만 모든 물건이 똑같이 중요한 것은 아니다. 어떤 것은 꼭 있어야 하고, 어떤 것은 있으면 좋지만 꼭 없어도 된다. 밥, 물, 옷, 집처럼 살아가는 데 꼭 필요한 물건을 '필요한 것'이라고 한다. 반대로 장난감, 게임기, 아이스크림처럼 없어도 괜찮지만 가지고 싶은 것은 '원하는 것'이다. 돈이 많지 않을 때는 필요한 것을 먼저 사고, 원하는 것은 나중에 생각하는 것이 좋다. 예를 들어, 배가 고플 때는 게임기를 사는 대신 먼저 밥을 먹어야 한다. 이처럼 돈을 쓸 때는 무엇이 꼭 필요한지와 무엇을 그냥 갖고 싶은지를 잘 구분해야 한다.

1. 이 글로 보아 다음 중 성격이 다른 하나는 무엇인가요?
   ① 장난감   ② 게임기   ③ 밥   ④ 아이스크림

Week 30 과학 (생물)

생태계의 세 가지 생물 요소를 알아 보아요.

생물 요소는 크게 세 가지로 나눌 수 있다. 첫째, 생산자는 햇빛을 이용해 스스로 음식을 만드는 식물이다. 둘째, 소비자는 생산자를 먹고 사는 동물이다. 예를 들어, 풀을 먹는 토끼는 소비자이다. 셋째, 분해자는 죽은 생물이나 배설물을 분해하여 영양분을 다시 토양으로 돌려주는 미생물과 곰팡이다. 이 세 가지 생물 요소는 생태계에서 중요한 역할을 한다. 생산자는 에너지를 공급하고, 소비자는 이 에너지를 소비하며, 분해자는 죽은 유기물을 분해하여 자연의 순환을 돕는다.

1. 이 글에서 핵심 단어 세 가지를 찾아 동그라미 치세요.

안중근은 누구인가요?

안중근은 일본의 침략에 맞서 싸운 용감한 독립운동가로, 특히 이토 히로부미를 저격한 것으로 유명하다. 그는 어릴 때부터 무예를 익히면서 나라를 사랑하는 마음을 키웠다. 일본이 대한제국의 권리를 빼앗고 마음대로 하려고 들자, 동지들과 함께 나라를 지키는 의병 부대를 만들어 일본군과 싸웠다. 1909년, 안중근은 하얼빈역에서 이토 히로부미에게 총을 쐈다. 이토 히로부미는 일본의 조선 침략을 앞장서 이끈 인물이었다. 이후 안중근은 일본에 의해 체포되어 법정에서 그들의 잘못을 낱낱이 밝히고 끝내 사형을 당했다.

---

1. 이 글을 통해 알 수 있는 사실은 무엇인가요?

① 당시 대한제국은 일본 침략의 위기 앞에 있었다.

② 당시 독립운동가는 안중근뿐이었다.

③ 안중근은 나라의 군인들과 부대를 만들었다.

Week 30 역사 (세계인물)

마르코 폴로는 누구인가요?

마르코 폴로는 이탈리아 출신의 상인이자 여행가이다. 그는 아버지와 함께 아주 먼 동쪽 나라 중국까지 여행했다. 특히 중국에서 오랫동안 머무르며 원나라 황제 쿠빌라이 칸의 곁에서 일하기도 했다. 그는 여러 도시와 사람들, 문화에 대해 자세히 기록했고, 이 이야기는 『동방견문록』이라는 책으로 나왔다. 이 책은 그가 실제로 본 것과 들은 것을 함께 기록해 유럽 사람들이 동양에 대한 호기심을 가지게 했다. 훗날 많은 탐험가들이 이 책을 읽고 아시아로 가고 싶다는 꿈을 키웠다. 이러한 그의 여행은 유럽과 아시아를 잇는 다리가 되었고, 유럽 사람들이 세계를 더 넓게 보는 데 도움을 주었다.

1. 다음은 누구에 대한 설명인지 글에서 찾아 보세요.
   이탈리아 출신의 상인이자 여행가
2. 마르코 폴로가 쓴 책은 유럽 사람들에게 어떤 영향을 주었는지 밑줄을 그으세요.

Week 23 과학 (생물)

식물의 생명 활동을 알아 보아요.

식물은 햇빛, 물, 공기를 이용해 자란다. 뿌리는 땅속에서 물과 영양분을 흡수하고, 줄기는 이 물을 잎까지 전달한다. 잎은 햇빛을 받으며 광합성을 하고 자신이 자라는 데 필요한 음식을 만든다. 이 과정에서 이산화탄소를 흡수하고 산소를 내보내는데, 이 산소는 우리가 숨 쉬는 데 필요하다. 이렇게 식물은 땅에서부터 하늘을 향해 자라면서 생명 활동을 이어 간다.

1. 이 글에 어울리는 제목은?

　① 식물은 어떻게 자랄까?

　② 식물의 하루

　③ 식물과 동물의 생활

2. 다음과 같은 뜻을 가진 용어를 글에서 찾아 보세요.

　탄소와 산소가 결합된 물질로, 우리가 숨을 내쉴 때 나오는 기체

Week 30 사회 (경제) — 화

직업에 대해 알아 보아요.

사람들은 자신이 잘할 수 있는 일을 하며 돈을 번다. 이렇게 꾸준히 하며 돈을 버는 일을 직업이라고 한다. 선생님, 의사, 경찰, 요리사처럼 직업은 매우 다양하다. 어떤 직업은 다른 사람을 돕고, 어떤 직업은 물건을 만들며, 어떤 직업은 사회가 잘 돌아가도록 돕는다. 직업을 가지면 돈을 벌 수 있을 뿐만 아니라 다른 사람에게 도움을 줄 수도 있다. 우리는 여러 직업을 존중하고 그 사람들이 어떤 일을 하는지 관심을 가지며 살아야 한다. 모든 직업은 소중하며, 사회에 꼭 필요하다.

1. 이 글에 나타난 내용이 아닌 것을 찾으세요.
 ① 직업의 뜻
 ② 직업의 종류
 ③ 직업을 갖는 이유
 ④ 직업이 없어도 되는 이유

좋은 기업을 평가할 수 있는 기준은 무엇인가요?

최근 기업을 평가하는 새로운 기준으로 'ESG 경영'이 떠오르고 있다. 이는 기업이 환경(Environment), 사회(Social), 그리고 올바른 경영 방식(Governance)을 얼마나 잘 지키는지를 평가하는 것이다. 예를 들어 어떤 회사는 지구 온난화를 막기 위해 탄소를 적게 배출하는 방식으로 운영한다. 어려운 사람을 돕는 기업도 있고, 여러 봉사활동으로 사회에 좋은 일을 하는 기업도 있다. 해외에도 ESG 경영을 잘하는 회사들이 많다. 이처럼 ESG 경영은 기업이 오랫동안 좋은 친구처럼 함께할 수 있도록 도와주고, 우리 사회 전체가 더 좋은 곳이 되도록 만드는 중요한 역할을 한다.

---

1. 다음 중 '경영'의 뜻으로 어울리는 것을 찾아요.

① 회사를 운영하는 일　　② 물건을 소비하는 일
③ 환경을 보호하는 일

2. 이 글을 읽고 알 수 있는 내용은 무엇인가요?

① ESG 경영을 하면 기업은 더 빨리 제품을 팔 수 있다.
② ESG 경영은 기업이 돈을 많이 버는 데만 집중하는 것이다.
③ ESG 경영을 잘하면 사회와 환경에도 좋은 영향을 줄 수 있다.

하람이의 고민

하람이는 밤하늘을 올려다보며 혼잣말을 했다.

"나는 왜 잘하는 게 하나도 없을까…"

그날은 시험을 망쳤고 체육 시간에는 공에도 맞았다. 공터에 쓸쓸히 앉아 있던 하람이의 어깨 위로 조용히 달빛이 내려앉았다. 달은 말이 없었지만 아주 오래된 친구처럼 함께 있었다.

하람이는 작게 웃었다.

"그래도 오늘은 이 달빛이 있어서 다행이야."

---

1. 이 이야기에서 '달빛'은 어떤 역할을 하나요?

① 하람이가 무서워하는 밤을 나타낸다.

② 하람이에게 위로와 안정감을 준다.

③ 시험을 망친 원인을 설명해 준다.

④ 친구를 만나는 장소이다.

은행 창구 안내문

[창구 업무 및 대기 안내]

은행 창구 업무 시간은 평일 오전 9시부터 오후 4시까지입니다.

토요일, 일요일, 공휴일은 창구 업무를 하지 않습니다.

번호표를 먼저 뽑고 자신의 번호가 불릴 때까지 기다려 주세요.

창구 앞에서 소란을 피우거나 순서를 어기는 행동은 삼가해 주세요.

입금, 출금, 통장 발급, 계좌 조회 등은 창구에서 도와드립니다.

입금, 출금, 계좌 조회는 24시 운영되는 ATM 기계에서 가능합니다.

---

1. 이 글을 읽고 엄마와 하율이가 대화를 하고 있어요. 각 괄호 안을 채우세요.

엄마: 지금 8시 50분이네. 우리가 조금 일찍 왔구나. 여기서 (   )만 기다리면 들어갈 수 있어.

하율: 엄마, 우리는 이번 달에 모은 돈 (   )하러 온 거니까 그냥 ATM 기계에서 하면 어때요?

 **일상생활**

영화 티켓 안내문

영화 제목: 꼬마 탐정 럭키의 비밀
상영 일시: 2025년 11월 8일(토) 오전 11:00
좌석: G열 7번, 8번
관람 인원: 2명
관람 등급: 전체 관람가
관람 장소: 키즈씨네 영화관 3관
티켓 번호: 310-445-0082

---

1. 다음 문장의 괄호 안에 들어갈 단어를 이 글에서 각각 찾아 쓰세요.

(   ) 시간이 되자 영화관의 불이 꺼졌다.

우리는 앞줄에서 공연을 (   )했다.

지정된 (   )에만 앉아야 한다.

Week 23 일상생활

시식 코너 안내문

[고객 안내 – 시식 코너 이용 시 주의 사항]

시식은 한 사람당 한 조각씩만 이용해 주세요.

시식 후에는 종이컵이나 꼬치 등을 꼭 쓰레기통에 버려 주세요.

다른 고객을 위해 음식 앞에서 지나치게 대화하는 등의 행동은 삼가해 주세요.

시식 코너 앞에서는 질서를 지켜 주세요. 줄이 길다면 기다려 주세요.

알레르기가 있는 분은 직원에게 재료를 먼저 확인해 주세요.

---

1. 오늘 시식 코너에 다녀온 현수의 일기입니다. 빈칸에는 어떤 말이 들어갈까요?

오늘 엄마하고 마트에 갔다. 떡볶이를 먹고 싶었는데 마침 시식 코너에 있어서 꼬치로 먹었다. 그런데 두 번 먹었더니 직원분이 (　　　)만 먹어야 한다고 하셨다. 알았다고 하고 가려는데 어떤 분이 (　　　)가 있다면서 혹시 양파가 들어갔느냐고 물으셨다. 직원이 없다고 하니 맛있게 드셨다.

 **Week 29** 일상생활

연극 입장권 안내문

어린이 연극 〈구름과 사슴〉 입장권

공연명: 구름과 사슴
관람 일시: 2025년 12월 7일(일) 오후 4시
관람 시간: 2시간
좌석 번호: C열 12번, 13번
관람 인원: 2명
관람 대상: 만 36개월 이상

1. 수민이가 연극 〈구름과 사슴〉을 보고 나서 하기에 적당한 일은 무엇인가요?

① 한숨 잔다.

② 저녁을 먹으러 간다.

③ 2시간 거리 놀이공원에 간다.

Week 24 국어 (이야기글)

발표는 너무 떨려요.

수민이는 늘 학급 발표 시간마다 말이 없었다. 친구들이 손을 들고 열심히 발표할 때도 수민이는 고개만 숙이고 있었다. 하지만 오늘은 달랐다. 수민이는 도서관에서 빌린 책을 꼭 껴안고 조용히 손을 들었다.
"제가 읽은 책은 『강아지 똘이의 여행』이에요. 처음엔 길을 잃었지만…"
수민이의 목소리는 떨렸지만, 눈은 또렷했다. 친구들은 하나둘 수민이의 이야기를 듣기 시작했다. 발표가 끝나자 교실엔 조용히 박수가 퍼졌다.

---

1. 이 이야기의 핵심 인물은 누구인가요?

① 수민이
② 수민이의 친구들
③ 발표 시간에 책을 읽어 준 선생님
④ 도서관에서 일하는 사서 선생님

바다가 오염되면 어떤 일이 일어날까요?

바다가 심각한 환경 오염으로 인해 고통받고 있다. **바다에 버려지는 쓰레기와 나쁜 영향을 끼치는 물질 때문에 많은 바다 생물들이 목숨을 잃거나 병들어 신음하고 있다.** 특히 플라스틱 쓰레기는 바다 생물들에게 매우 치명적이다. 바다거북은 플라스틱을 해파리로 착각하고 먹었다가 소화기관이 막혀 죽는 경우가 많다. 물고기들은 미세 플라스틱을 먹고 몸속에 독성 물질이 쌓여 병들고, 심지어는 우리 식탁에 오르기도 한다. 또한 선박의 기름 유출 사고는 바다를 검게 뒤덮어 많은 바다 생물들의 목숨을 앗아간다. 기름에 뒤덮인 새들은 날지 못하고, 물고기들은 숨을 쉬지 못해 죽어간다.

---

1. 진하게 표현된 문장에서 '원인'에 해당하는 부분에 빨간색 밑줄을 그으세요.
2. 진하게 표현된 문장에서 '결과'에 해당하는 부분에 파란색 밑줄을 그으세요.
3. 진하게 표현된 문장이 원인과 결과의 구조라는 것을 알 수 있는 단어를 해당 문장에서 찾아 보세요.

Week 24 사회 (경제)

시장과 마트는 무엇이 다를까요?

(   )시장은 여러 가게들이 모여 있는 전통적인 곳으로, 다양한 상인들이 직접 물건을 판매한다. 시장에서는 신선한 농산물, 생선, 고기 등을 직접 보고 고를 수 있으며 활기차고 시끌벅적한 분위기가 특징이다. 마트는 비교적 시장보다 크기가 크며 물건들이 진열대에 놓여 있어 소비자가 자유롭게 선택해서 계산하는 방식이다. 마트는 상품의 종류가 다양하고 가격이 일정한 경우가 많으며 할인과 행사를 통해 여러 물건의 가격을 조정하기도 한다.

1. 이 글은 어떤 방식으로 설명되었나요?
   ① 비교 대조   ② 정의   ③ 예시

2. 이 글의 첫 번째 문장으로 어울리는 것을 찾아요.
   ① 시장과 마트는 서로 비슷하다.
   ② 시장과 마트는 물건을 파는 곳으로, 여러 차이점이 있다.
   ③ 시장과 마트의 공통점을 알아 보자.

 **Week 29** 과학 (생물)

천적은 생태계에서 어떤 역할을 하나요?

천적은 어떤 동물을 잡아먹는 다른 동물을 말한다. 개구리의 천적은 뱀이고, 토끼의 천적은 여우다. 천적은 먹이사슬에서 중요한 역할을 한다. 한 동물이 너무 많이 늘어나면 다른 동물들이 먹을 것이 부족해질 수 있는데, 천적이 그런 문제를 막아 준다. 예를 들어, 토끼가 너무 많으면 풀을 다 먹어 치워 다른 동물들이 먹을 풀이 없어질지도 모른다. 하지만 여우 같은 천적이 토끼 수를 줄여 주면 생태계의 균형이 유지된다. 이렇게 천적은 자연 속에서 생물들이 조화를 이루며 살 수 있게 돕는 중요한 역할을 한다.

1. 이 글로 미루어 보아 천적이 없다면 생태계에 어떤 문제가 발생하는지 한 문장으로 표현해 보세요.

 Week 24 역사 (한국인물)

유관순은 누구인가요?

유관순은 3·1 만세운동을 이끈 용감한 독립운동가로, 당시 어린 나이에도 불구하고 나라를 위해 목숨을 바친 인물이다. 유관순은 서울의 이화학당에 다니던 중 3·1 만세운동이 일어나자 적극적으로 참여했다. 그리고 고향인 충청남도 천안으로 내려가 사람들에게 독립운동의 소식을 알리고 함께 만세운동을 펼쳤다. 그러다 일본 경찰에 체포되어 모진 고문을 당했지만, 끝까지 굴하지 않고 대한 독립 만세를 외쳤다. 또한 재판에서도 당당하게 자신의 뜻을 밝히며 일본의 침략을 비판했다. 유관순은 18세의 어린 나이에 감옥에서 순국했다.

---

1. 이 글에서 '나라를 위해 목숨을 바치는 것'을 뜻하는 두 글자의 단어를 찾아 보세요.

2. 이 글의 내용으로 보아 3·1 만세운동은 어떤 운동인가요?

　① 중국으로부터 해방되기 위한 운동

　② 나라의 지도자에게 저항하는 운동

　③ 일본의 침략에서 벗어나기 위한 운동

 **Week 29** 역사 (세계인물)

칭기즈 칸은 누구인가요?

칭기즈 칸은 아주 넓은 몽골 땅을 정복한 위대한 지도자로, 원래 이름은 테무진이었다. 어릴 때는 몹시 가난하고 힘든 삶을 살았다. 하지만 용감하고 지혜로워서 여러 부족을 하나로 모으며 점점 힘을 키워 갔다. 칭기즈 칸은 몽골 군대를 잘 훈련시켜 아시아와 유럽의 넓은 지역까지 정복했다. 그가 만든 몽골 제국은 세계 역사에서 가장 큰 나라 중 하나였다. 그는 전쟁을 잘했을 뿐만 아니라 편지를 빠르게 전달하는 길을 만들어 나라 사이에 물건을 안전하게 사고팔 수 있도록 도왔다. 덕분에 많은 사람들이 서로 다른 문화와 지식을 나눌 수 있었다.

---

1. '서로 다른 문화와 지식을 나눌 수 있었다'는 말에서 '문화와 지식을 나눈다'는 것은 어떤 뜻인가요?

　① 서로 배운 것을 알려 주고 다르게 사는 방식을 이해한다는 뜻이다.
　② 서로 음식을 나눠 먹는다는 뜻이다.
　③ 서로 같은 옷을 입는다는 뜻이다.

2. 칭기즈 칸은 어떤 성격을 가진 사람이었을까요? 글을 보고 알 수 있는 대로 말해 보세요.

우리 주변에서 볼 수 있는 동물을 찾아요.

우리 주변에는 다양한 동물이 살고 있다. 길을 걷다 보면 개나 고양이를 볼 수 있고, 공원에는 새들이 날아다닌다. 또한 풀밭에는 곤충들이 바쁘게 움직이고 있다. 이런 동물들은 모두 각자 다른 방법으로 생활한다. 개는 사람과 함께 살고, 고양이는 혼자서도 잘 지낼 수 있다. 새들은 하늘을 날며 먹이를 찾고, 곤충들은 풀이나 나무에 살며 하루를 보낸다. 동물들은 자신이 살고 있는 곳에 맞는 생활을 한다.

---

1. '동물들은 자신이 살고 있는 곳에 맞는 생활을 한다'는 말이 의미하는 것은 무엇인가요?

① 모든 동물은 같은 환경에서 살아간다.

② 동물은 각자의 생활 환경에 맞는 방법으로 살아간다.

③ 동물은 인간과 함께 살아야 한다.

④ 모든 동물은 같은 방법으로 생활한다.

Week 29 · 사회 (경제) · 화

용돈을 잘 쓰려면 어떻게 해야 할까요?

어린이들은 부모님께 용돈을 받아 장난감이나 간식, 학용품을 사기도 한다. 하지만 용돈을 받자마자 다 써 버리면 나중에 꼭 필요한 것을 못 살 수 있다. 그래서 용돈을 잘 쓰려면 계획이 필요하다. 꼭 필요한 것을 먼저 사고 남은 돈은 저금하거나 다음을 위해 아껴 두는 것이 좋다. 용돈기입장을 써서 언제, 어디서, 무엇에 얼마를 썼는지 기록하면 돈을 현명하게 쓰는 습관이 생긴다. 용돈을 잘 쓰면 돈의 가치를 깨닫고 똑똑한 소비를 할 수 있다. 이처럼 어릴 때부터 올바르게 돈을 쓰는 습관을 들이면 평생 도움이 된다.

1. 이 글의 중심 생각으로 알맞은 것은 무엇인가요?

① 장난감은 비싸서 사면 안 된다.

② 어릴 때부터 용돈을 계획해서 잘 써야 한다.

③ 용돈은 무조건 저금해야 한다.

④ 돈은 마음대로 써도 괜찮다.

인공지능으로 가짜 영상을 만들면 어떤 문제가 생길까요?

최근 인공지능 기술의 발전으로 '딥페이크' 영상이 많아지면서 사회적인 문제가 되고 있다. 딥페이크란 인공지능 기술을 이용해 사람의 얼굴이나 목소리를 다른 영상이나 음성에 합치는 기술이다. 사실 이 기술은 나쁜 쪽으로 사용되는 경우가 많다. 유명한 사람의 가짜 영상이나 음성을 만들어 거짓된 사실을 퍼뜨리면 그 사람뿐만 아니라 영상을 본 일반 사람들도 피해자가 될 수 있다. 딥페이크 영상은 보통 사람이 보기에는 판단하기 힘들 정도로 잘 만들어져서 구분하기 쉽지 않다. 또한 관련된 법이 빠른 기술 발전의 속도를 따라가지 못해 피해를 입은 사람을 보호하기 힘들다는 문제도 있다.

---

1. 딥페이크의 뜻을 나타내는 부분에 밑줄을 그으세요.
2. 딥페이크 기술이 사회 문제가 되는 이유는 무엇인가요?
   ① 유명한 사람만 사용할 수 있기 때문이다.
   ② 영상을 보기만 해도 쉽게 구분할 수 있기 때문이다.
   ③ 거짓 영상이나 음성을 만들어 사람들을 속일 수 있기 때문이다.
   ④ 너무 비싸서 아무도 사용하지 못하기 때문이다.

미술 시간에 일어난 일

정후는 미술 시간이 제일 좋았다. 오늘은 '내가 가장 좋아하는 장소'라는 주제로 그림을 그리는 날이었다. 정후는 평소처럼 창가 자리에 앉아 연필을 꺼냈다. 그런데 뒷자리에 앉은 예림이가 다가왔다.

"그 자리, 내가 먼저 앉으려고 했는데…"

정후는 순간 펜을 멈추고 예림이를 바라보았다.

"늘 내가 여기에서 그려서…"

서로 말이 없어졌고, 둘 다 그림을 다 그리지 못한 채 수업이 끝났다. 다음 시간, 정후는 예림이에게 작은 쪽지를 건넸다.

"이번엔 네가 창가에 앉아. 난 반대쪽 창도 좋아."

예림이는 조심스럽게 웃었다. 그날 정후는 새로운 햇살을 그림에 담았다.

---

1. 이 이야기에서 갈등 관계에 있는 인물은 누구인가요?

2. 두 사람은 어떤 이유로 갈등이 생겼나요?

엘리베이터 이용 안내문

[엘리베이터 이용 시 주의 사항]

◦ 엘리베이터가 도착하면 안에서 사람이 먼저 나린 뒤에 타세요.

◦ 문이 닫히는 동안 손이나 발을 넣지 마세요.

◦ 장난으로 버튼을 여러 번 누르거나 비상 버튼을 누르지 마세요.

◦ 엘리베이터 안에서 뛰거나 장난치지 마세요.

◦ 엘리베이터가 멈췄을 때는 뛰거나 문을 억지로 열지 말고, 비상 인터폰으로 구조를 요청하세요.

---

1. 이 안내문을 읽고 어긋난 행동을 한 친구를 모두 고르세요.

① 민호: 엘리베이터가 내려왔는데 사람이 가득 찼네. 그래도 우리가 빨리 타면 되지!

② 세연: 여기 비상 버튼이 있네? 눌러 보면 어던 소리가 나는지 궁금하다!

③ 하린: 어? 엘리베이터가 멈췄어. 우리는 여기 가만히 있고, 이 인터폰으로 도움을 요청하자.

연극 입장권 안내문

어린이 연극 〈마법숲의 꼬마요정〉 입장권

- 공연 시작 10분 전까지 입장해 주세요.
- 공연 중에는 사진이나 영상을 찍을 수 없어요.
- 공연이 끝날 때까지 자리를 이동하지 마세요.
- 간식이나 음료는 공연장 안에서 먹을 수 없어요.
- 36개월 미만 어린이는 보호자와 함께 착석해 주세요.

---

1. 엄마와 연극을 보러 온 민정이는 공연장에 바로 들어갈 수 없었어요. 왜일까요?

　① 31개월 된 동생도 같이 와서.
　② 손에 음료수를 들고 있어서.
　③ 갑자기 보기가 싫어져서.

2. 이 글에서 '자리에 앉다'라는 뜻을 가진 단어를 찾아 보세요.

 **Week 24** 일상생활

쓰레기 종량제 봉투 사용 안내문

[서울특별시 지정 종량제 봉투 사용 안내]

◦ 이 봉투는 일반 쓰레기(생활 폐기물)를 버릴 때만 사용합니다.

◦ 음식물 쓰레기, 재활용품, 위험 폐기물(건전지, 형광등 등)은 따로 버려야 합니다.

◦ 반드시 입구를 잘 묶어서 봉투가 새지 않게 버려 주세요.

◦ 지정된 배출 요일과 시간(저녁 8시~밤 12시)을 지켜서 내놓아 주세요.

◦ 지정된 봉투를 사용하지 않으면 과태료가 부과될 수 있습니다.

◦ 판매 금액의 일부는 환경 보호와 청소 인력 지원에 사용됩니다.

---

1. 이 글을 읽고 맞는 내용에 각각 O, X를 표시하세요.

① 종량제 봉투에는 음식물 쓰레기와 일반 쓰레기를 함께 넣어도 된다. (   )

② 쓰레기를 종량제 봉투에 담고 입구를 잘 묶은 뒤, 밤 9시에 내놓으면 된다. (   )

③ 종량제 봉투를 사면 그 돈은 전부 봉투를 만드는 데만 쓰인다. (   )

 **Week 28 일상생활**

놀이공원 입장권 안내문

놀이공원 이용 안내

- 입장권은 하루 동안만 사용 가능합니다.
- 놀이기구 이용 시 키와 나이에 따라 제한이 있을 수 있습니다.
- 음식물은 지정된 장소에서만 드세요.
- 쓰레기는 반드시 쓰레기통에 버리세요.
- 입장권은 분실 시 재발급이 되지 않으니 잘 보관하세요.

---

1. 이 안내문을 통해 알 수 없는 정보는 무엇인가요?

① 입장권은 하루 동안만 사용할 수 있다.

② 놀이기구 이용에 키 제한이 있을 수 있다.

③ 음식은 정해진 곳에서 먹어야 한다.

④ 놀이공원 운영 시간은 아침 9시부터다.

Week 25 국어 (이야기글)

비 오는 월요일, 민재의 하루

하늘이 흐리던 월요일 아침, 민재는 우산을 들고 집을 나섰다. 비는 계속해서 내렸고, 학교에 도착할 즈음에는 신발이 축축하게 젖어 있었다. 학교 복도에 들어서자 축구공을 들고 우비를 입은 친구들이 눈에 띄었다. 민재는 오늘은 밖에 못 나가겠다며 가방을 열었다.

2교시가 끝난 뒤, 선생님이 "오늘은 특별히 도서관에서 독서 활동을 합니다."라고 말씀하셨다. 민재는 슬리퍼로 갈아신은 다음 책 한 권을 안고 도서관으로 향했다. 창밖으로는 여전히 빗방울이 떨어졌지만, 민재의 마음은 조금씩 말라 가고 있었다.

1. 이 이야기에서 민재가 머문 장소는 어떤 순서로 바뀌었나요?

　① 집 → 운동장 → 교실

　② 집 → 학교 복도 → 도서관

　③ 학교 → 도서관 → 교실

최근 떠오르고 있는 '텍스트 힙'은 무엇인가요?

최근 젊은 세대 사이에서 책과 글에 대한 관심이 높아지면서 '텍스트 힙'이라는 새로운 문화 현상이 나타나고 있다. 과거에는 책을 읽는 일이 조금은 지루하게 여겨졌지만 지금은 자신을 표현하고 사람들과 소통하는 하나의 문화가 되고 있다. 젊은 세대는 단순히 책을 읽기만 하지 않고 자기만의 방식으로 다른 사람들과 공유하거나 즐긴다. 예를 들면 마음에 드는 문구를 필사하거나, 책을 읽고 느낀 마음을 SNS에 공유하거나, 독서 모임에 나가 사람들과 함께 토론하는 식이다. 전문가는 텍스트 힙 문화가 일시적인 유행이 아닌 젊은 세대의 새로운 문화 트렌드로 자리잡을 것이라고 말한다.

---

1. 이 글에서 '어떠한 현상을 설명'하는 부분에 빨간색 펜으로 밑줄을 그으세요.
2. 이 글에서 '구제척 예시를 설명'하는 부분에 파란색 펜으로 밑줄을 그으세요.
3. 이 글에서 '전문가 의견을 설명'하는 부분에 노란색 펜으로 밑줄을 그으세요.

 **Week 25** 사회 (경제)

시장의 종류를 알아 보아요.

시장은 판매하는 물건에 따라 여러 종류가 있습니다.

① 농산물 시장 •

② 수산물 시장 •

② 우시장 •

④ 의류 시장 •

• ㉮ 소나 돼지 같은 가축을 사고파는 시장

• ㉯ 농작물, 채소, 과일 등을 판매하는 시장

• ㉰ 의류나 패션 상품을 전문적으로 판매하는 시장

• ㉱ 생선이나 해산물을 판매하는 시장

---

1. 위 4가지 시장의 종류를 맞는 것과 연결하세요.

생태계에 대해 알아 보아요.

생태계는 여러 살아 있는 것들과 그들이 사는 주변을 묶어서 부르는 말이다. 마치 한 동네에서 다양한 주민들이 각자 역할을 하면서 또 서로 영향을 주고받는 것처럼, 여러 종류의 동물과 식물도 같이 살면서 서로 영향을 주고받는다. 햇빛, 물, 흙 같은 주변 환경도 생태계가 유지되는 데 아주 중요한 역할을 한다. 이 모든 것들이 하나의 커다란 가족처럼 연결되어 있는 것이 바로 생태계이다. 그래서 생태계가 건강해야 사람도 건강하게 살아갈 수 있다.

1. 생태계를 '우리 동네'에 비유한 이유는 무엇인가요?
　① 동네처럼 조용하기 때문이다.
　② 여러 존재들이 함께 살고 서로 영향을 주고받기 때문이다.
　③ 동네에는 식물이 많기 때문이다.

 **Week 25** 역사 (한국인물)

윤동주는 누구인가요?

윤동주는 어릴 때부터 글쓰기를 좋아했던 시인이다. 그는 우리나라가 일본의 지배를 받던 슬픈 시대에 살았다. 그래서 그의 시에는 나라를 잃은 슬픔과 아픔이 담겨 있다. 윤동주는 일본으로 건너가 대학교를 다녔지만 일본 경찰에 붙잡혀 감옥에 갇히게 되었다. 감옥에서도 희망을 잃지 않고 시를 썼으나 안타깝게도 스물여덟 살의 젊은 나이에 세상을 떠나고 말았다. 윤동주가 세상을 떠난 후에 그의 시집 『하늘과 바람과 별과 시』가 출판되었다. 이 시집에는 〈서시〉, 〈별 헤는 밤〉, 〈자화상〉 등 유명한 시들이 실려있다.

---

1. 다음 시는 윤동주가 쓴 시의 일부입니다. 이 시의 제목은 무엇일지 본문에서 찾아 보세요.

별 하나에 추억과
별 하나에 사랑과
별 하나에 쓸쓸함과
별 하나에 동경과
별 하나에 시와
별 하나에 어머니, 어머니,

Week 28 역사 (세계인물)

진시황은 누구인가요?

진시황은 중국을 처음으로 하나로 통일한 황제이다. 원래 이름은 '정'이고 진나라의 왕이었지만, 여러 나라를 이기고 중국 전체를 다스리는 황제가 되었다. 그래서 '진나라의 첫 번째 황제'라는 뜻으로 '진시황'이라 불렸다. 그는 나라를 다스리는 법을 새로 만들고 글자와 돈, 도량형을 모두 똑같이 통일해서 사람들이 더 편리하게 살아가도록 했다. 또 외적의 침입을 막기 위해 만리장성을 보수했다. 진시황은 죽은 뒤에도 황제처럼 살고 싶어 자신을 위한 아주 큰 무덤을 만들게 했는데, 그 안에는 실제 사람처럼 생긴 병사 모형이 수천 개나 있다. 이것이 바로 유명한 진시황릉과 병마용이다.

---

1. 이 글에서 알 수 있는 진시황의 특징은 무엇인가요?

① 과학 발명을 많이 했다.

② 나라를 하나로 통일하고 많은 제도를 새로 만들었다.

③ 사람들과 싸우지 않고 평화를 이루었다.

다양한 동물들은 다들 어떻게 살아갈까요?

(   ) 예를 들어, 바다에 사는 물고기는 물속에서 숨 쉴 수 있는 아가미가 있다. 숲에서 사는 토끼는 빠르게 뛰어다니기 위한 긴 뒷다리가 있다. 사막에 사는 낙타는 물이 부족한 곳에서도 살 수 있도록 혹에 물을 많이 저장한다. 이처럼 동물들은 각자 자신이 사는 곳에서 잘 살 수 있는 특성이 있다. 사는 곳에 따라 동물들의 모습이나 행동도 달라지기 때문에, 각 동물의 특징을 알면 그 동물을 더 잘 이해할 수 있다.

---

1. 괄호 안에 들어갈 이 글의 중심 문장을 생각해 적어 보세요.

광고는 정말 믿어도 될까요?

광고는 어떤 물건을 잘 소개해서 사람들이 사고 싶게 만드는 활동이다. 우리는 텔레비전, 유튜브, 거리의 간판, 전단지 등에서 광고를 자주 볼 수 있다. 광고는 물건의 좋은 점을 알려 주고 어떤 점이 특별한지도 보여 준다. 어떤 광고는 재미있는 이야기로 사람들의 관심을 끌고, 어떤 광고는 멋진 그림이나 음악을 사용한다. 하지만 주로 물건의 좋은 점만 말하므로 광고만 믿고 물건을 사면 안 된다. 이 물건이 정말 필요한지, 광고가 너무 과장되지는 않았는지 먼저 생각해 보는 것이 중요하다.

1. 광고는 보통 어떤 점을 광고하나요?
2. 이 글에서 가장 중요한 문장에 밑줄을 그으세요.

 **Week 25** 시사

촉법소년이 범죄를 저지르면 벌을 받아야 할까요?

최근 몇 년 사이 초등학생과 중학생이 벌인 범죄가 뉴스에 종종 등장하고 있다. 그런데 이런 범죄를 저지른 아이들이 형사처벌을 받지 않는 경우가 많다. 바로 '촉법소년'이기 때문이다.

촉법소년이란 만 10세 이상 14세 미만의 형사미성년자를 말한다. 이들은 죄를 지어도 법에 따라 형벌이 아닌 보호처분을 받는다. 쉽게 말해, 교도소에 가지 않는 대신 소년원에 보내지거나 상담을 받는 식의 처분을 받는다. 이 제도는 어린아이들이 아직 판단력이 부족하다는 이유로 만들어졌다. 하지만 최근에는 촉법소년이 일으키는 범죄가 점점 심각해지면서 법을 바꾸자는 목소리가 커지고 있다. 나이가 어려도 잘못했으면 책임을 져야 한다는 것이다.

---

1. 이 글의 내용으로 보아 '형사처벌'은 무엇을 말하나요?
   ① 소년원에 보내지는 것
   ② 법을 어긴 사람은 교도소에 가는 등 나라에서 벌을 주는 것
   ③ 좋은 사람이 되기 위한 교육을 받는 것

2. 촉법소년 폐지에 대한 여러분의 생각을 말해 보세요.

뒷산에 사는 서진이의 친구

서진이는 뒷산에 사는 거북이를 돌보고 있다. 매일 산에 올라가 풀잎을 따서 주고 조심스레 등을 쓰다듬곤 했다. 비가 한참 쏟아진 다음 날, 서진이는 거북이가 있던 바위 옆 웅덩이에 무언가 빠져 있는 걸 발견했다. 바로 그 거북이었다. 서진이는 깜짝 놀라 물속에 손을 넣었다.

"괜찮아, 내가 구해 줄게!"

조심스럽게 들어 올린 거북이는 몸을 웅크리고 있었지만 서진이를 향해 눈을 깜빡이며 고개를 들었다. 그날 이후, 서진이는 산에 갈 때마다 작은 통에 물을 담아 가져가기 시작했다.

---

1. 다음 중 이 이야기의 '절정(가장 재미있고 긴장되는 순간)'에 해당하는 장면은 무엇인가요?

① 서진이가 매일 거북이를 돌보는 장면

② 서진이가 산에 올라가는 날 비가 많이 온 장면

③ 서진이가 물에 빠진 거북이를 구해 내는 장면

④ 서진이가 통에 물을 담아 다니는 장면

 **Week 25** 일상생활

층간 소음 관련 안내문

[공동생활 예절 안내 – 층간 소음 관련]

입주민 여러분, 최근 늦은 시간에 발생하는 층간 소음으로 인해 불편을 겪는 세대가 늘고 있습니다. 아래 내용을 참고하시어 모두가 편안한 생활을 할 수 있도록 협조해 주시기 바랍니다

◦ 밤 9시 이후에는 뛰거나 큰 소리로 TV, 음악을 틀지 말아 주세요.
◦ 실내에서는 슬리퍼나 층간소음 방지 매트 사용을 권장합니다.
◦ 아이들이 놀 때는 충분한 완충 공간을 마련해 주세요.
◦ 불편 사항은 관리사무소(101동 1층)로 문의해 주세요.
◦ 모두가 서로를 배려하는 아파트 문화를 만들어 갑시다.
감사합니다.
– ○○아파트 관리사무소

---

1. 다음 중 누가 안내문을 잘못 이해했나요?

① 지우: 지금 저녁 8시니까 앞으로 2시간은 영화를 봐도 될 거야.

② 다연: 우리 집은 어린 동생이 뛰어다녀서 놀이방에 매트를 깔았어.

③ 준호: 엄마가 소음 민원이 있으면 관리사무소에 가서 말하래.

 **Week 27** 일상생활

색연필 세트 라벨지

제품명: 무독성 12색 색연필   **가격**: 3,000원

제조국: 대한민국   **제조사**: ㈜컬러앤펜앤페이퍼스

주의 사항: 입에 넣지 마세요.

부러진 색연필 조각에 다치지 않도록 조심하세요.

사용 후에는 꼭 뚜껑을 닫아 보관하세요.

3세 미만 어린이는 보호자와 함께 사용하세요.

KC 안전 인증번호: CB111A100-0001

---

1. 다음 중 이 색연필 세트를 사용할 때 지켜야 할 올바른 행동은 무엇인가요?

① 색연필을 깨물어도 괜찮다.

② 뚜껑 없이 두어도 문제없다.

③ 2살 어린 동생에게 혼자 놀게 준다.

④ 색연필을 다 쓴 후 뚜껑을 꼭 닫아 보관한다.

 **일상생활**

해열제 섭취 시 주의 사항

[어린이 해열제 섭취 시 주의 사항]
- 하루 3회, 식후에 먹이며 6시간 이상 간격을 두고 복용하세요.
- 약은 포장된 상태 그대로 서늘한 곳에 보관하세요.
- 한 번에 많이 먹지 않도록 주의하세요.
- 다른 약과 함께 먹을 때는 반드시 보호자나 약사에게 문의하세요.
- 복용 후 이상 반응이 있다면 즉시 가까운 병원에 가세요.
- 어린이 손이 닿지 않는 곳에 보관하세요.

---

1. 다정이는 해열제를 먹고 3시간 뒤에 다시 열이 난다고 느껴 한 번 더 먹으려 해요. 다음 중 알맞은 행동은 무엇인가요?

　① 몸이 안 좋으니 빨리 회복하기 위해 바로 한 번 더 먹는다.

　② 6시간이 지나지 않았으므로 더 기다려야 한다.

　③ 두 번 먹어도 괜찮으니 다음 약도 먹는다.

 **Week 27** 일상생활

의류 제품 정보 라벨

제품명: 기능성 반팔 티셔츠 **소재**: 면 60%, 폴리에스터 40%

사이즈: 140 **제조국**: 대한민국 **제조일자**: 2025년 11월

세탁 방법: 30도 이하의 미지근한 물에 손세탁하세요.

그늘에 널어 건조하세요.

다림질은 약한 온도로 하세요.

※ 세탁기를 사용할 경우, 세탁망을 사용하면 옷이 오래 갑니다.

---

1. 수빈이는 이 옷을 세탁기에 넣고 뜨거운 물로 빨고, 햇빛 아래에서 말리려 해요. 다음 중 옳지 않은 행동은 무엇인가요?

① 세탁망 없이 세탁기에 넣은 것

② 따뜻한 햇빛 아래에서 건조한 것

③ 뜨거운 물로 세탁한 것

2. 이 라벨에 적힌 내용은 왜 필요한가요?

① 소비자에게 옷을 예쁘게 입으라고 권하기 위해

② 옷을 바르게 관리하여 오래 입을 수 있도록 도와주기 위해

③ 옷의 가격을 자세히 설명하려고

연 날리기 좋은 날

오늘은 바람이 아주 좋아서 연을 날리기 딱 좋은 날이다. 학교에 도착하자마자 나는 가방에서 연을 꺼내어 운동장으로 달려갔다. 연줄을 꼭 쥔 손에 힘이 들어갔다. 그때 운동장 반대편에서 민수가 손을 흔들었다.

"연 들고 나왔구나! 나도 같이 해도 돼?"

나는 고개를 끄덕이며 연을 하늘로 던졌다. 순간 바람이 쌩하고 불었고, 내 연이 민수의 연보다 먼저 하늘을 날았다.

"와, 네 연 잘 난다!"

민수가 소리쳤다. 나는 괜히 으쓱해져서 더 높이 날려 보려고 뛰기 시작했다. 내 연이 하늘에서 춤을 추고 있었다. 바람도, 햇살도, 민수의 웃는 얼굴도 모두 기분 좋았다.

---

1. 이 동화는 어떤 시점으로 쓰였나요?

① 전지적 작가 시점(작가가 모든 걸 알고 설명한다.)

② 1인칭 주인공 시점(이야기 속 인물이 자기 이야기를 직접 들려준다.)

③ 1인칭 관찰자 시점(이야기를 옆에서 본 인물이 들려준다.)

④ 3인칭 시점(등장인물을 '그'라고 부르며 객관적으로 설명한다.)

문화재가 국가유산으로 이름을 바꿔요.

2023년 12월, 문화재청은 '국가유산기본법'을 새로 만들고 전에 사용하던 '문화재'라는 용어를 '국가유산'으로 바꾼다는 중요한 결정을 내렸다. 이 법은 2024년 5월부터 본격적으로 시행되었다. 문화재청은 이번에 법을 새롭게 바꾸며 문화재청이라는 기관의 이름도 국가유산청으로 바꾸기로 했다. 이는 단순히 이름만 바꾸는 것이 아니다. 전에는 유물을 보관하는 것에 더 중점을 두었다면, 앞으로는 사람들이 함께 보고 즐기며 후손에게까지 이어질 수 있도록 보호하겠다는 뜻이다.

---

1. 이 글의 제목으로 어울리는 것을 찾아요.
  ① 사라지는 문화재, 어떻게 할 것인가?
  ② 새로운 이름으로 다시 태어난 문화재
  ③ 국가유산청이 새롭게 생긴다.

2. 이 글에서 '문화재'를 '국가유산'으로 바꾸려는 이유는 무엇인가요?

화폐는 어떤 과정으로 발전했을까요?

화폐는 여러 과정을 거쳐 지금에 이르렀다. 처음에는 사람들이 필요한 물건을 직접 교환하는 물물교환을 했다. 그러다 소금, 곡물, 가축과 같이 사람들이 일반적으로 가치가 있다고 생각하는 물건을 화폐처럼 사용했는데, 이를 상품 화폐라고 한다. 그 후 동전과 같은 금속 화폐가 등장하자 물건을 교환할 때 훨씬 편리해졌다. 동전 다음으로는 지폐가 생겼다. 지폐는 동전보다 훨씬 가볍고 많은 양을 가지고 다니기도 쉬운 편이라 많이 사용되었다. 그 후 화폐를 가지고 다니지 않아도 되는 신용카드가 생겼고, 지금은 모바일로도 결제를 할 수 있다.

1. 다음 빈칸에 알맞은 용어를 이 글에서 찾아 써 보세요.

물물교환 → 상품 화폐 → (　　　　) → 지폐 → 신용카드 → 모바일 결제

2. 미래에는 어떤 화폐가 생길지 생각해 보세요.

선인장의 특징은 무엇인가요?

선인장은 아주 건조한 사막에서 살아가는 식물이다. 잎은 아주 뾰족한 가시 형태인데, 이는 몸속의 물이 밖으로 빠져나가지 않도록 도와준다. 선인장의 몸통은 마치 물통처럼 두꺼워서 그 안에 물을 잔뜩 저장해 놓을 수 있다. 그래서 비가 오랫동안 오지 않아도 걱정 없이 지낼 수 있다. 신기하게도 선인장은 뜨거운 낮에는 숨구멍을 닫고, 시원한 밤에만 숨을 쉰다. 이렇게 자기만의 방법으로 어려운 환경에서도 꿋꿋하게 살아간다.

1. 선인장의 몸통이 두꺼운 이유를 찾아 밑줄을 그어요.

안창호는 누구인가요?

안창호는 일제강점기 시대의 독립운동가이자 교육자이다. 그는 백성들을 교육해야 나라를 되찾을 수 있다고 생각했다. 1910년 일본이 한국을 강제로 침략하자 그는 미국으로 떠나 여러 지역을 돌아다니며 우리 동포들에게 독립의 중요성을 알리고 독립운동에 필요한 돈을 모았다. 1919년에는 상하이에 대한민국 임시 정부가 만들어지자 적극적으로 참여하여 독립운동을 이끌었다. 안창호는 1937년 일본 경찰에 체포되어 모진 고문을 받다가 1938년에 병으로 세상을 떠났다.

1. 이 글의 내용으로 보아 안창호가 상하이에 임시 정부를 세운 이유는 무엇인가요?

① 자리가 좋아서

② 일본의 감시를 피하려고

③ 우리나라 사람이 많이 살아서

Week 27 역사 (세계인물)

석가모니는 누구인가요?

불교를 만든 석가모니는 옛날 인도의 한 나라에서 왕자로 태어났지만 사람들의 괴롭고 슬픈 모습을 보고 궁궐 밖 세상에 관심을 가지게 되었다. 그는 왜 사람은 늙고 병들어 죽는지, 어떻게 하면 고통 없이 살 수 있는지를 고민하다 왕자로 사는 것을 스스로 포기하고 길을 떠났다. 석가모니는 오랫동안 깊은 생각을 하며 마음을 다스리는 방법을 찾고자 했고 마침내 큰 깨달음을 얻었다. 모든 괴로움은 욕심에서 오기 때문에 그 욕심을 내려놓으면 마음이 평화로워진다는 것이다. 석가모니는 이 깨달음을 많은 사람에게 가르쳤다. 이 가르침이 불교가 되었고 지금도 많은 사람이 마음을 다스리고 착하게 살기 위해 불교를 배우고 있다.

---

1. 이 글의 내용을 순서대로 바르게 나열한 것은 어느 것인가요?

① 불교를 만들었다. → 왕자로 태어났다. → 깨달음을 얻었다.

② 깨달음을 얻었다. → 불교를 만들었다. → 왕자였다.

③ 왕자로 태어났다. → 세상에 대해 고민했다. → 깨달음을 얻었다. → 불교를 가르쳤다.

식물은 어떤 환경에서 자라날까요?

우리 주변에는 다양한 식물이 자라고 있다. 길가에 있는 풀, 공원에 있는 나무, 그리고 집안의 화초들도 모두 식물이다. 식물은 살고 있는 곳에 따라 모양이 다르다. 예를 들어, 숲에서 자라는 나무는 키가 큰 편이고 덤불 속에서 자라는 식물은 키가 작은 편이다. 물이 많은 곳에서 자라는 식물들은 잎이 넓고 물이 부족한 곳에서 자라는 식물들은 잎이 가늘다. 식물들은 이렇게 자신이 자라는 환경에 맞춰서 자라난다.

1. 이 글에서 가장 중요한 문장을 찾아 밑줄을 그으세요.
2. 식물은 무엇에 따라 모양이 다른가요?

물건을 만든 사람과 사용하는 사람은 어떤 관계일까요?

우리가 사용하는 물건은 누군가가 만든 것이다. 물건을 만든 사람을 생산자, 그 물건을 사서 사용하는 사람을 소비자라고 한다. 예를 들어 빵을 만드는 제빵사는 생산자이고, 빵을 사 먹는 사람은 소비자이다. 생산자가 물건을 만들고 소비자가 그것을 사면 시장이 돌아간다. 또 어떤 사람은 음식을 만들고, 어떤 사람은 옷을 만든다. 우리가 물건을 살 때 이걸 누가 만들었을지를 생각해 보면 생산자에 대한 고마운 마음을 가질 수 있다. 이처럼 생산자와 소비자는 서로에게 꼭 필요한 존재이다.

1. 생산자와 소비자의 관계에 대한 설명으로 가장 알맞은 것은 무엇인가요?

① 생산자는 소비자가 없어도 괜찮다.
② 소비자는 물건을 만들고 파는 사람이다.
③ 생산자와 소비자는 서로에게 꼭 필요하다.
④ 소비자는 생산자보다 더 중요하다.

Week 26 시사

유통기한 대신 소비기한을 표시하면 어떤 점이 좋을까요?

최근 '소비기한 표시제'가 시행되어 사람들의 관심을 끌고 있다. 이전에는 식품에 유통기한을 표시했는데 이제부터는 소비기한 표시로 바뀌는 것이다. 유통기한은 판매가 가능한 기한을 뜻했지만 소비기한은 소비자가 실제로 식품을 섭취해도 안전한 기한을 나타낸다. 따라서 소비자는 조금 더 안심하고 식품을 먹을 수 있다. 여러 선진국은 이미 소비기한 표시제를 시행하면서 버리는 식품을 줄이고 소비자의 안전을 지키는 등 두 가지 목표를 이루고 있다.

---

1. 이 글을 바르게 이해한 친구는 누구인가요?

① 민재: 너희 소비기한 표시제 들어봤어? 원래 유통기한인데 이름을 바꾸었대.

② 수빈: 맞아, 나도 그렇게 봤어. 이제는 유통기한이 끝나도 그냥 먹어도 되는 거지?

③ 현우: 소비기한은 우리가 진짜로 먹어도 안전한 마지막 날을 표시하는 거야.

④ 정후: 그럼 우리 집에 있는 소비기한 안 지난 음식은 버려야겠다.

가방 안쪽 주머니에는 무엇이 들었을까?

소율이는 매일 가방 안쪽 주머니에 작은 쪽지를 넣는다.

'오늘은 꼭 손을 들자.'

'하윤이한테 먼저 말 걸기.'

하지만 그 쪽지들은 매일 그대로 주머니 안에 남아 있었다.

그러던 어느 날, 체육 시간에 신발이 벗겨진 하윤이가 우두커니 서 있었다. 소율이는 주머니 속 쪽지를 떠올렸다. 그리고 조용히 다가가 하윤이에게 신발을 신겨 주며 말했다.

"소율아, 괜찮아? 같이 걷자?"

---

1. 이 이야기에서 '가방 안쪽 주머니'는 어떤 주제를 나타내고 있나요?

　① 소율이가 학교에서 준비물을 잃어버린 장소

　② 친구와 갈등이 생긴 사건의 장소

　③ 주인공의 마음속 다짐과 용기를 의미하는 공간

　④ 비밀 쪽지를 숨겨 놓은 장소로만 쓰인 단서

 **Week 26 일상생활**

매장 안내방송

안녕하세요, 고객 여러분. 천원천국을 이용해 주셔서 감사합니다. 매장 안에서는 뛰지 말아 주세요. 고객님의 안전을 위한 요청입니다. 어린이 손님은 혼자 두지 마시고, 항상 보호자와 함께 다녀 주세요. 상품은 포장을 뜯지 마시고, 원래 진열된 자리에 놓아 주세요. 파손된 물건이나 정리되지 않은 물건이 있다면 반드시 직원에게 바로 알려 주세요. 궁금한 점이나 필요한 물건이 있다면 직원에게 언제든지 말씀해 주세요. 매장 안에서는 음식물 섭취를 삼가 주시고, 쾌적한 쇼핑 환경을 위해 다른 고객을 배려해 주세요. 즐거운 쇼핑 되시길 바랍니다. 감사합니다.

---

1. 다음 중 이 안내방송을 듣고 알 수 있는 점으로 가장 알맞은 것은 무엇인가요?

① 이 매장은 어린이만 들어갈 수 있는 곳이다.
② 고객이 다친 적이 있어서 매장 내에서 뛰는 것이 허용되지 않는다.
③ 매장에서 포장을 뜯으면 바로 계산해야 한다.
④ 이 매장은 손님의 안전과 질서를 중요하게 여긴다.

Week 26 일상생활

반장 선거 연설문

반장 후보 4학년 1반 박시우

저는 여러분의 시간을 낭비하지 않겠습니다. 제가 반장이 되면, 달라집니다.

첫째, 모두가 공평하게 말할 수 있는 학급 분위기를 만들겠습니다. 조용한 친구들도 발표할 수 있도록 발표 도우미 제도를 만들겠습니다.

둘째, 아침 조회 시간을 지루하지 않고 의미 있게 바꾸겠습니다. 아침마다 동시 낭송 시간을 마련해 보겠습니다.

셋째, 우리 반만의 규칙을 함께 정하고 지키는 자치 활동을 만들겠습니다. 그래서 매일 하교 후에 2시간씩 전체 회의를 하겠습니다.

저를 뽑아 주신다면 여러분의 시간을 소중하게 여기는 정직한 대표자가 되겠습니다.

---

1. 박시우 후보는 공평하게 말할 수 있는 학급 분위기를 만들겠다는 주장으로 어떤 실천 방법을 말했나요?

2. 박시우 후보의 공약 중 다소 과장되거나 현실적이지 않은 것이 있다면 무엇인가요?

	Week 1
월(국어)	**1.** 신발 **2.** (예) 지훈이의 신발, 지훈이가 좋아 등
화(사회)	**1.** ④
수(역사)	**1.** 시조 **2.** 아사달
목(과학)	**1.** 모양, 색깔, 무게, 단단함 **2.** ②
금(시사)	**1.** ③ **2.** 대한민국 출생률이 지속적으로 감소하기 때둔이다.
토(일상)	**1.** ③
일(일상)	**1.** 내복약 **2.** 약을 먹는 것.
	Week 2
월(국어)	**1.** (예) 비를 즐기는 마음, 자연에 감탄하는 마음 등 **2.** ①
화(사회)	**1.** 일반 지도, 교통 지도, 지형도, 행정 지도, 기후 지도 **2.** ①
수(역사)	**1.** 해모수, 유화 **2.** ②
목(과학)	**1.** 고체, 액체, 기체 **2.** (예) 고체-책상, 기체-방귀, 액체-주스 등
금(시사)	**1.** 불편 **2.** 도입
토(일상)	**1.** 밀가루 **2.** ①
일(일상)	**1.** ②

	Week 3
월(국어)	1. ① 2. (예) 엄마, 친구
화(사회)	1. ② 2. ③
수(역사)	1. ①-ⓓ, ②-ⓐ, ③-ⓒ, ④-ⓑ
목(과학)	1. 철로 된 물체가 자석에 붙어 자석의 성질을 띠는 것이다. 2. (예) 신발 끈을 자석으로 만들어 붙인다.
금(시사)	1. 가짜 정보, 사기 행위
토(일상)	1. ③
일(일상)	1. ②
	Week 4
월(국어)	1. (예) 설렘, 기대감 2. (예) 너를 보니 나도 하루를 즐겁게 보내고 싶어졌어.
화(사회)	1. 촌락 2. ②
수(역사)	1. 그는 ~ 힘을 쓰기도 했다. 2. ③
목(과학)	1. ②, ③
금(시사)	1. ① 2. (예) 폭우나 폭설 등 날씨가 좋지 않으면 로봇이 제대로 작동하지 않을 수 있다.
토(일상)	1. ④
일(일상)	1. ②

Week 5	
월(국어)	**1.** 밥을 먹고 있다. **2.** ②
화(사회)	**1.** ②
수(역사)	**1.** 수나라, 살수
목(과학)	**1.** ①
금(시사)	**1.** 디지털교과서는 텍스트뿐 아니라 ~ 학습의 흥미를 높이기 위해
토(일상)	**1.** 수익 **2.** 토요일
일(일상)	**1.** ③
Week 6	
월(국어)	**1.** ② **2.** (예) 내 안의 희망 등
화(사회)	**1.** ③
수(역사)	**1.** 첨성대 **2.** 신라, 백제
목(과학)	**1.** ②
금(시사)	**1.** ②
토(일상)	**1.** 우회
일(일상)	**1.** ③

Week 7	
월(국어)	1. ① 2. (예) 엄마의 잔소리 등
화(사회)	1. ②
수(역사)	1. ①
목(과학)	1. 에너지 2. 활동할 수 있게 한다.
금(시사)	1. (예) 7세 고시 유행 2. ①, ②
토(일상)	1. 교통수단 2. 맹견류
일(일상)	1. ①, ③
Week 8	
월(국어)	1. 어른들 2. 시 속에서 말하는 사람(아이) 등
화(사회)	1. ① 자원 ② 항구 ③ 무역
수(역사)	1. 고구려, 백제, 신라 2. 화랑도
목(과학)	1. ②
금(시사)	1. (예) 어제 너무 더워서 아이스크림 무인 가게에서 아이스크림을 사 먹었어요. 2. 무인 가게, 편리함, 보안 문제
토(일상)	1. 짬뽕 2. 6,500원
일(일상)	1. ② 2. 모집 대상은 최소 4학년인데 동생이니 그보다 어릴 것이라서.

정답

	Week 9
월(국어)	**1.** 연필과 지우개와 삼각자 **2.** ①
화(사회)	**1.** ①
수(역사)	**1.** ②
목(과학)	**1.** ①, ②
금(시사)	**1.** 숏폼에 중독되면 ~ 놓칠 수 없는 문제이다. **2.** 숏폼 중독 문제를 해결하려면 ~ 노력해야 할 것이다.
토(일상)	**1.** ②
일(일상)	**1.** 여진 **2.** ③
	Week 10
월(국어)	**1.** ①, ③ **2.** ②
화(사회)	**1.** ③
수(역사)	**1.** ②
목(과학)	**1.** 즉시 밝아지는 것 **2.** 우주
금(시사)	**1.** 슈링크플레이션 **2.** 원자재
토(일상)	**1.** ③
일(일상)	**1.** ③

Week 11	
월(국어)	1. ③ 2. ②
화(사회)	1. ③ 2. 지도를 보면 동쪽, 서쪽, 남쪽, 북쪽처럼 방향이 정해져 있다.
수(역사)	1. ③ 2. 고려군을 이끌고 ~ 나가 싸웠다.
목(과학)	1. 스스로 도는 것 2. 지구가 스스로 도는 자전을 하면서 태양의 위치가 바뀌기 때문이다.
금(시사)	1. ④
토(일상)	1. ①, ②
일(일상)	1. ② 2. 무단 전재
Week 12	
월(국어)	1. ③
화(사회)	1. ③
수(역사)	1. 문익점은 고려 시대에 목화 씨앗을 우리나라에 처음 가져온 사람이다. 2. 고려의 삼베나 모시옷이 겨울에는 너무 추워서.
목(과학)	1. ③
금(시사)	1. 저작권 2. ②
토(일상)	1. ③
일(일상)	1. 숙제 2. 초등

 # 정답

	Week 13
월(국어)	**1.** ②
화(사회)	**1.** '배를 만드는 공장인' **2.** '다른 나라인'
수(역사)	**1.** 회군 **2.** 건국
목(과학)	**1.** 반구 **2.** 위치
금(시사)	**1.** ④
토(일상)	**1.** ①, ④
일(일상)	**1.** ②
	Week 14
월(국어)	**1.** ①
화(사회)	**1.** 공장 **2.** ②
수(역사)	**1.** ③
목(과학)	**1.** ① 북반구 ② 남반구
금(시사)	**1.** 면 음식의 가격이 올라가는 것 **2.** ③
토(일상)	**1.** ② **2.** ③
일(일상)	**1.** ② **2.** 3시까지는 독서 퀴즈를 준비해야 해서.

	Week 15
월(국어)	1. ②
화(사회)	1. ②
수(역사)	1. ①, ②
목(과학)	1. 다음 날이면 이전 날보다 약 50분 정도 늦게 뜨기 때문에
금(시사)	1. (예) 어려운 숙제를 끝내고 쉴 때 2. 서로 힘을 모아 무언가를 하며 연결되어 있다는 느낌
토(일상)	1. 짧은 사과나 말 한마디가 친구 관계를 회복시킬 수 있다는 뜻이다.
일(일상)	1. ③
	Week 16
월(국어)	1. 도서관 2. 책장, 서가, 검색대, 의자, 테이블, 작은 소파
화(사회)	1. 백두산, 한라산, 설악산, 속리산
수(역사)	1. 풀과 벌레, 꽃 등 2. 예술가, 교육자
목(과학)	1. 높은 곳, 낮은 곳 2. 우리가 따뜻함과 차가움을 느끼는 정도
금(시사)	1. ③
토(일상)	1. ②
일(일상)	1. ②

정답

	Week 17
월(국어)	**1.** ②
화(사회)	**1.** 강이나 바닷물이 넘치지 않도록 막기 위해 흙이나 돌로 둑을 쌓는데, **2.** 비가 많이 왔을 때 고인 물을 다른 곳으로 빼내 주는 시설
수(역사)	**1.** ③
목(과학)	**1.** 수은 온도계, 디지털 온도계 **2.** 수은이 온도에 따라 부풀거나 줄어드는 것
금(시사)	**1.** ③
토(일상)	**1.** 강아지, 강아지, 쓰레기, 무료 해설
일(일상)	**1.** 할인, 잔액, 단말기, 분실, 발급, 규정
	Week 18
월(국어)	**1.** ③ **2.** 비를 맞고 힘들어하는 토끼를 도와주고 싶어서.
화(사회)	**1.** 생산, 교환 **2.** ③
수(역사)	**1.** ② **2.** ②
목(과학)	**1.** 전도, 대류, 복사
금(시사)	**1.** ②
토(일상)	**1.** 주말은 오전 8시부터 버스 운행을 한다.
일(일상)	**1.** ②

Week 19	
월(국어)	1. 예전에 친구가 다쳤던 일을 떠올리며, 이번에는 다치지 않게 하려고. 2. ③
화(사회)	1. 돈이 없어서 쌀 한 자루를 주고 생선으로 바꾸거나, 옷을 주고 물건을 바꾸는 식
수(역사)	1. ①, ②
목(과학)	1. ③
금(시사)	1. ② 2. ②
토(일상)	1. ②
일(일상)	1. ㄴ, ㄹ
Week 20	
월(국어)	1. 이미 가지고 있는 선물인데 돌려줘도 되는지, 친구 마음이 상하지 않을지 걱정돼서. 2. ①
화(사회)	1. ③
수(역사)	1. ①
목(과학)	1. 위치, 시간
금(시사)	1. 정신 건강에 도움을 준다. 신체 건강에 도움을 준다.
토(일상)	1. ②
일(일상)	1. ③ 2. ②

정답

	Week 21
월(국어)	**1.** ④
화(사회)	**1.** ③ **2.** ②
수(역사)	**1.** 실학자, 거중기
목(과학)	**1.** 한살이 **2.** 알, 올챙이, 개구리
금(시사)	**1.** ③
토(일상)	**1.** ② **2.** ①
일(일상)	**1.** ① **2.** ②
	Week 22
월(국어)	**1.** 집이 지저분해서.
화(사회)	**1.** 저축
수(역사)	**1.** ①, ②, ③
목(과학)	**1.** 수분 **2.** (예) 나비의 한살이
금(시사)	**1.** 멕시코, 영국, 미국, 태국, 필리핀, 말레이시아 **2.** ①
토(일상)	**1.** ③ **2.** ②
일(일상)	**1.** ③

Week 23	
월(국어)	**1.** ③
화(사회)	**1.** ③
수(역사)	**1.** ①
목(과학)	**1.** ① **2.** 이산화탄소
금(시사)	**1.** ① **2.** ③
토(일상)	**1.** 10분, 입금
일(일상)	**1.** 한 조각, 알레르기
Week 24	
월(국어)	**1.** ①
화(사회)	**1.** ① **2.** ②
수(역사)	**1.** 순국 **2.** ③
목(과학)	**1.** ②
금(시사)	**1.** 인공지능 기술을 이용해 사람의 얼굴이나 목소리를 다른 영상이나 음성에 합치는 기술 **2.** ③
토(일상)	**1.** ①, ②
일(일상)	**1.** ① X ② ○ ③ X

Week 25	
월(국어)	**1.** ②
화(사회)	**1.** ①-㉯ ②-㉰ ③-㉮ ④-㉱
수(역사)	**1.** 별 헤는 밤
목(과학)	**1.** (예) 동물은 각자 자신이 사는 곳에 잘 맞는 특징을 가지고 있다.
금(시사)	**1.** ② **2.** (예) 촉법소년도 잘못하면 벌을 받아야 한다.
토(일상)	**1.** ①
일(일상)	**1.** ②
Week 26	
월(국어)	**1.** ②
화(사회)	**1.** 금속 화폐 **2.** (예) 가상 세계에서 사용하는 가상 화폐 등
수(역사)	**1.** ②
목(과학)	**1.** 식물들은 이렇게 자신이 자라는 환경에 맞춰서 자라난다. **2.** 살고 있는 곳
금(시사)	**1.** ③
토(일상)	**1.** ④
일(일상)	**1.** 발표 도우미 제도를 만들겠다. **2.** 매일 하교 후 2시간씩 전체 회의를 하겠다.

Week 27	
월(국어)	**1.** ③
화(사회)	**1.** ③
수(역사)	**1.** ③
목(과학)	**1.** 그 안에 물을 잔뜩 저장해 놓을 수 있다.
금(시사)	**1.** ② **2.** 사람들이 함께 보고 즐기며 후손에게까지 이어질 수 있도록 보호하기 위해서.
토(일상)	**1.** ③ **2.** ②
일(일상)	**1.** ④
Week 28	
월(국어)	**1.** ③
화(사회)	**1.** 물건의 좋은 점 **2.** 광고만 믿고 물건을 사면 안 된다.
수(역사)	**1.** ②
목(과학)	**1.** ②
금(시사)	**1.** 최근 ~ 공유하거나 즐긴다. **2.** 예를 들면 마음에 드는 ~ 토론하는 식이다. **3.** 전문가는 ~ 말한다.
토(일상)	**1.** ④
일(일상)	**1.** ② **2.** 착석

정답

	Week 29
월(국어)	**1.** 정후와 예림이 **2.** 창가 자리에 누가 앉을지를 두고 갈등했다.(의견이 달랐다.)
화(사회)	**1.** ②
수(역사)	**1.** ① 2. (예) 용감하다, 지혜롭다 등
목(과학)	**1.** (예) 생태계의 균형이 유지되지 않는다.
금(시사)	**1.** 바다에 버려지는 쓰레기와 나쁜 영향을 끼치는 물질 **2.** 많은 바다 생물들이 목숨을 잃거나 병들어 신음하고 있다. **3.** 때문에
토(일상)	**1.** ②
일(일상)	**1.** 상영, 관람, 좌석
	Week 30
월(국어)	**1.** ②
화(사회)	**1.** ④
수(역사)	**1.** 마르코 폴로 **2.** 유럽 사람들이 동양에 대한 ~ 아시아로 가고 싶다는 꿈을 키웠다.
목(과학)	**1.** 생산자, 소비자, 분해자
금(시사)	**1.** 기후 난민 **2.** 가장 많이 등장해서.
토(일상)	**1.** ③ **2.** ②
일(일상)	**1.** 참가비가 비쌀 것 같았는데

Week 31	
월(국어)	**1.** ②
화(사회)	**1.** 나라와 나라 사이에서 물건을 사고파는 것 **2.** 우리나라에서 만들지 못하는 거라서.
수(역사)	**1.** 잉글랜드와 전쟁을 하면서 점점 약해지고 있었다. **2.** 오를레앙 전투에서 승리했다.
목(과학)	**1.** 분해, 양분
금(시사)	**1.** 다음 날 도착하는 배송 **2.** 다음 달
토(일상)	**1.** ⑤
일(일상)	**1.** 농축액, 열량, 직사광선
Week 32	
월(국어)	**1.** 요즘 친할머니가 편찮으셔서 엄마 아빠가 돌보시느라 바쁘세요. **2.** ②, ③
화(사회)	**1.** 다른 곳에서 가져온 물건을 판다.
수(역사)	**1.** 항해, 대륙, 원주민
목(과학)	**1.** ①
금(시사)	**1.** ①
토(일상)	**1.** 공원지킴이
일(일상)	**1.** ④

Week 33	
월(국어)	**1.** ③
화(사회)	**1.** 나무를 자르는 사람, 공장에서 일하는 사람, 운반하는 사람, 판매하는 사람
수(역사)	**1.** ①
목(과학)	**1.** ②
금(시사)	**1.** ② **2.** 뜻, 중요성
토(일상)	**1.** 신사임당, 오만 원, 그림
일(일상)	**1.** ③ **2.** ①
Week 34	
월(국어)	**1.** ②
화(사회)	**1.** 기부
수(역사)	**1.** 마젤란의 부하들이 끝까지 항해를 계속했기 때문이다.
목(과학)	**1.** 환경 오염은 결국 ~ 큰 위협이 된다.
금(시사)	**1.** 반려돌은 사람들의 마음을 위로해 주고 혼자 있는 시간을 특별하게 만들어 주는 소중한 존재이다.
토(일상)	**1.** ② **2.** ②
일(일상)	**1.** ①

정답

	Week 35
월(국어)	**1.** (예) 속으로는 많이 그리워하고 있다
화(사회)	**1.** ③
수(역사)	**1.** ③
목(과학)	**1.** ④
금(시사)	**1.** (예) 필요한 만큼만 쓰고 오래 사용하면서 환경을 보호하는 삶을 실천하길 바라고 있다. **2.** (예) 배달 음식을 줄인다.
토(일상)	**1.** ②
일(일상)	**1.** ④
	Week 36
월(국어)	**1.** 젖은 우산을 말릴 수 있도록 신문지를 깔아 준 행동에서 따뜻함을 느꼈다. 비 오는 날을 배려해 주는 마음이 느껴졌기 때문이다.
화(사회)	**1.** 대통령은 국가를 대표하는 최고 지도자이다. **2.** ②
수(역사)	**1.** 만유인력의 법칙
목(과학)	**1.** ①
금(시사)	**1.** ① **2.** 직접 외우고 메모하는 습관
토(일상)	**1.** ①
일(일상)	**1.** ③

정답

	Week 37
월(국어)	**1.** ③
화(사회)	**1.** ② **2.** (예) 주말에 산에 놀러 가기로 해서 부모님이 전날 먼저 사전투표를 했어요.
수(역사)	**1.** 아버지 (예) 베토벤에게 음악 연습을 많이 시켰다.
목(과학)	**1.** ①
금(시사)	**1.** 가성비, 시성비 **2.** ③
토(일상)	**1.** 8,000원
일(일상)	**1.** ③ **2.** ②
	Week 38
월(국어)	**1.** ③ **2.** ② **3.** 비
화(사회)	**1.** ① **2.** 학교, 병원, 소방서, 경찰서
수(역사)	**1.** ③
목(과학)	**1.** ① 흡수 ② 배출 ③ 혈액 ④ 산소 ⑤ 이산화탄소
금(시사)	**1.** '사실과 다른 것' **2.** 일본, 독도, 교과서, 역사 왜곡, 한국 등
토(일상)	**1.** ③
일(일상)	**1.** ③

	Week 39
월(국어)	**1.** ③ **2.** ②
화(사회)	**1.** 예산
수(역사)	**1.** ② **2.** 가난한 집에서 태어났는데 ~ 놀림 받은 것이다.
목(과학)	**1.** ③
금(시사)	**1.** 일본 여행을 가는 돈이 더 들게 되니, 항공권이 비싸진 것, 일본이 관광세를 올리려는 움직임을 보이면서 **2.** 환율이 오르면 해외여행 비용이 비싸진다.
토(일상)	**1.** ①
일(일상)	**1.** ②
	Week 40
월(국어)	**1.** (예) 국물이 있는 반찬부터 담으면 밥에 섞이거나 흘러서 도시락이 지저분해질 수 있기 때문이다.
화(사회)	**1.** ①
수(역사)	**1.** (예) 노예 제도를 없앰. **2.** ①
목(과학)	**1.** ②
금(시사)	**1.** ② **2.** 유명 브랜드의 가치를 이용하는 일이므로.
토(일상)	**1.** ① **2.** ①
일(일상)	**1.** 운송장, 배송, 파손, 수취인

정답

Week 41	
월(국어)	**1.** ②
화(사회)	**1.** ③
수(역사)	**1.** (예) 자신이 만든 것이 나쁜 일에 쓰인 것을 되돌리고, 좋은 일을 한 사람들을 칭찬하고 싶어서이다.
목(과학)	**1.** ③ **2.** ①
금(시사)	**1.** 각 지역에서 나는 재료로 만든 제품을 소비하는 것 **2.** 특산물
토(일상)	**1.** 횡단보도를 안전하게 건너는 방법 **2.** ③
일(일상)	**1.** ③ **2.** ②
Week 42	
월(국어)	**1.** ①
화(사회)	**1.** ③
수(역사)	**1.** ①
목(과학)	**1.** 장기 **2.** 7개
금(시사)	**1.** ③
토(일상)	**1.** ③
일(일상)	**1.** ③

Week 43	
월(국어)	**1.** ②
화(사회)	**1.** 권리, 책임
수(역사)	**1.** 테오, 고갱 **2.** ②
목(과학)	**1.** 7문장 **2.** (예) 우리가 숨 쉬는 공기는 질소와 산소로 이루어져 있다.
금(시사)	**1.** ①, ②, ④
토(일상)	**1.** 과태료 **2.** ②
일(일상)	**1.** ②
Week 44	
월(국어)	**1.** ③
화(사회)	**1.** ①, ②, ③
수(역사)	**1.** 싸우거나 폭력을 쓰는 대신 평화로운 방법으로 저항했는데 **2.** ①, ②, ③
목(과학)	**1.** 맨틀
금(시사)	**1.** ② **2.** ①
토(일상)	**1.** ② **2.** ③
일(일상)	**1.** ② **2.** ③

Week 45	
월(국어)	1. ④
화(사회)	1. 부자든 가난한 사람이든 모두 똑같이 판단 받아야 한다.
수(역사)	1. ②
목(과학)	1. ③ 2. ②
금(시사)	1. 도심 2. 더 자세한 조사와 안전한 공사
토(일상)	1. ②
일(일상)	1. 안약 2. 눈에 약을 넣는 것
Week 46	
월(국어)	1. 동물도 나름의 방법으로 의사소통을 한다. 2. 꿀벌, 고양이, 개
화(사회)	1. ③
수(역사)	1. ②
목(과학)	1. ①
금(시사)	1. ③
토(일상)	1. ③ 2. 강수량
일(일상)	1. ② 2. ②

	Week 47
월(국어)	**1.** 조용히, 배려하며
화(사회)	**1.** ③
수(역사)	**1.** ②
목(과학)	**1.** ③
금(시사)	**1.** ②
토(일상)	**1.** ③
일(일상)	**1.** ③
	Week 48
월(국어)	**1.** ② **2.** ③
화(사회)	**1.** 판사, 검사, 변호사 **2.** (예) 서로 다툼을 해결 못 해 더 큰 싸움이 된다. 등
수(역사)	**1.** ④
목(과학)	**1.** 토성
금(시사)	**1.** ③ **2.** ①
토(일상)	**1.** 휴무 **2.** 휴무, 휴가
일(일상)	**1.** ②

	Week 49
월(국어)	**1.** 실내화가 젖은 채로 하루 종일 신고 있으면 발에서 냄새가 나고 기분도 좋지 않다.
화(사회)	**1.** ①, ③
수(역사)	**1.** 사물을 여러 각도에서 본 것처럼 표현하는 방식 **2.** 게르니카
목(과학)	**1.** ①
금(시사)	**1.** 한반도 **2.** ①, ②
토(일상)	**1.** 소강 **2.** ②
일(일상)	**1.** ①
	Week 50
월(국어)	**1.** (예) 숙제가 많으면 억지로 하게 되어 효과가 없다.
화(사회)	**1.** 다른 사람이 나를 함부로 대하거나 자유를 빼앗을 수도 있다.
수(역사)	**1.** ②
목(과학)	**1.** ③
금(시사)	**1.** 학부모들이 아이를 돌보는 일에 ~ 기회를 주겠다고 한다. **2.** 프로그램이 과연 아이들에게 도움이 될 만큼 잘 관리될지, 교사들이 일을 더 하게 되어 힘들진 않을지
토(일상)	**1.** ②
일(일상)	**1.** ③

Week 51	
월(국어)	**1.** ④
화(사회)	**1.** (생략) **2.** 오랜 문화와 역사
수(역사)	**1.** ③
목(과학)	**1.** ②
금(시사)	**1.** 민생지원금 **2.** 전문가들은 ~ 사용해야 한다고 말한다.
토(일상)	**1.** 10,000원
일(일상)	**1.** 수아
Week 52	
월(국어)	**1.** ③
화(사회)	**1.** 지영
수(역사)	**1.** 닭이 알을 낳는 모습을 보기 위해 ~ 좋아하는 아이였다.
목(과학)	**1.** ②
금(시사)	**1.** 나이가 들면, 돈이 부족할지도 모른다는, 더 늦추는 방법
토(일상)	**1.** ①
일(일상)	**1.** ②
일(일상)	**1.** ①